编委会

序一
融媒体时代的南都突围

□柳斌杰

习近平总书记说："惟改革者进，惟创新者强，惟改革创新者胜。"用这句话说明传统主流媒体在融媒体时代，应对挑战、转型升级、实现战略突围和创新发展，也是非常贴切的。南方都市报由一家传统都市报媒体变成融媒体集群的成功案例，正说明了只有改革创新、融合发展，主流媒体才能占据现代传播的制高点。

南都是改革开放的产物，也在改革开放中经历了风风雨雨，在我国报业中开风气之先，在探索特色之路中独树一帜，有过失误的教训，也有过成功的喜悦，保持了相当的影响力。最近几年，南都人坚持因势而谋、应势而变、顺势而为，在"办中国最好的报纸"的办报理念的基础上提出"做中国一流智库媒体"的新定位，开始了以内容为样本、以技术为支撑、以创新治理体系为保障的转型重构、融合发展的新挑战。我作为国家新闻出版传媒业管理的老同志和新闻传播学的研究者，当然关注媒体新业态的发展和各类媒体创新发展的典型案例，先后就人民日报、新华社、浙江日报、新华日报、南方报业传媒集团新媒体传播和多业态融合发展，做过一些考察研究，并为中央部门推荐、评介、审核过他们的经验，有些还用在了案例教学上。其中，南都是以党报集团所办媒体的身份，办出了自己鲜明的特色，以其迅速反映社会舆论热点、创新参与社会治理，实现了传统报纸的华丽转身，在融媒体时代成功应对了传媒技术革命性变化的挑战，焕发了新的活力。

我认为南都成功突围的经验主要体现在四个方面：

因势而谋，准确判断媒体格局新变化

随着互联网、数字化、可视化、智能化等新的传播技术的产生和应用，人们获得信息和知识的方式发生了革命性的变化，新的通信和交互方式，带来了新的阅读场和新的需求。许多人不满足于24小时才看到一张报纸或在固定的时间坐下来看电视，即时新闻和移动传播随即满足了人们的新需求，读网读屏读手机的人群越来越大。由是，传统主流媒体的垄断地位丧失了，分众化、对象化的传播方式产生了，单一的自上而下的传播被平等的互动交流传播所代替，各种新媒体破土而出并迅速发展起来了，主流媒体、平台媒体、社交媒体、自媒体等多形态多业态的传播格局基本形成。面对这种变局，南都作出了清醒的判断，报纸的垄断优势丧失，缺乏互动的单一传播方式显然滞后于受众的需求，必须改革创新，以变应变，走融合发展的全媒体之路。于是他们谋划如何通过转型升级、融合发展打造新型大众主流媒体，组织实施“移动优先、数据优先、用户优先”三大战略，塑造“正确内容导向、守望公共利益、服务人民群众”的新价值观念，以互联网思维拓展报业的新传播、新能力、新价值，加快了内容智库化、传播智能化、服务人性化、市场多元化的步伐，走上了全媒体服务的新路子。

应势而变，拓展大众媒体新功能

传统报纸基本只是发新闻、写评论、办副刊、登广告、搞发行这样一些功能，对读者来说只是提供文字、照片、图表。这样的模式在“一网天下，全球联通”的新闻传播条件下，难以长远发展。为了突围，南都以改革求变、创新图强的专业精神，引入互联网、大数据、智能化、算法新技术等，重新定义内容，深度融合新的传播平台，重构全媒体传播体系，延伸南都的价值链和产业链，改造商业模式和服务能力。由于清晰把握了时代变局和传媒发展走势，他们很快形成了坚守主流价值、媒体垂直生产、用户精准服务、技术赋能报业、深度开发增长极等新的新闻生产传播优势，顺利实现了新陈代谢和迭代发展，成为媒体融合的典范。

顺势而为，参与社会治理助力党政决策

南都的与众不同，就在于能够担当起建设性舆论监督的社会责任，在维护社会公平正义方面敢于作为，受到公众的关注。党的十九大决定“打造共建共治共享的社会治理格局”，强调要“加强社会治理制度建设，完善党委领导、政府负责、社会协同、公众参与、法治保障的社会治理体制，提高社会治理社会化、法治化、智能化、专业化水平”，并且把新闻媒体作为参与社会治理的舆论力量，要求其发挥重要作用。南都深入学习贯彻中央精神，以敏锐的行动构建参与社会治理的新体系，发挥社会发展的瞭望塔、公平正义的守护者、党的中心工作的推动者的重要作用，整合原有的资源、数据、积累和能力，形成了广州市城市治理的大数据和智库，依靠政府、部门、行业、社会调查得来的数据，发布广州市各行各业管理部门和区（县）政府社会治理的榜单。我曾经参加过他们的发布会，见证了他们工作的成效，也曾经发表了感慨：为什么市政府各局办和区（县）领导，都来听南都的社会治理榜单发布会？就是因为他们以真实的数据和深调的民意来推动社会治理现代化，实现了中央关于社会共治的要求，把粗放的舆论监督变成了精准的社会治理推进器。后来，这一做法被推荐为中央媒体融合发展的创新案例。事实证明，媒体服务中心、维护大局，在社会发展和社会治理中大有作为，前景广阔。

乘势而上，开拓媒体服务新业态

现代融媒体是全媒体融合推进的社会利器，是人人可触及和应用的公共传播体系，一般传播信息已不是问题。深度开发专业媒体的功能，是主流媒体的振兴之道。南都在向智库媒体转型中，建立深化社会治理的新体

制，以专业能力和开放的调查研究，健全大数据辅助决策和社会治理的机制，配合政府各项管理科学化和治理模式精准化、公共服务现代化，受到省、市、区各级政府的高度重视，起到了推动工作的媒体特殊作用。

南都先后打造了“广州城市治理榜”“个人信息保护”“周一见”“马上办”“新经济企业声誉监测”“互联网黑灰产治理”“地区营商环境研究报告”“广东全民阅读指数”“天河优创高质量发展观察报告”“深圳警媒实验室”等项目和品牌，开拓了媒体服务新形式、新业态。在新闻传播专业领域，他们也在全媒体传播方式、连接社会平台、创新传播工具、开发智媒新产品等方面作了许多探索和创新，丰富传统报业服务新时代的理论和实践。

随着百年未有之大变局和百年未见之大疫情（新冠病毒全球持续肆虐）交叉迭现，人类文明经历着新的挑战。中央已经明确提高了对媒体传播的新要求：以内容建设为根本，以先进技术为支撑，以创新管理为保障，构建全媒体传播新格局，牢牢占据舆论引导、思想引领、文化传承、服务人民的传播制高点。新要求就是新目标、新方向、新任务，我殷切希望南都在中华民族伟大复兴的新征程中，不断总结经验，不断创新发展，不断有所前进，不断取得新成就，为我国的新闻传播事业贡献智慧和力量。

作者系十二届全国人大教科文卫委员会主任委员、原国家新闻出版总署署长、清华大学新闻与传播学院院长

序二
数字经济时代媒体转型的新范式

□任贤良

今天的中国正进入“一部智能手机搞定一切”的移动互联时代。

在这样的背景下，传统媒体在新闻生产、内容传播、盈利模式等各方面都经受着严峻挑战，尤其是伴随受众流失，传统媒体原有的“广告＋发行”模式正在失势。但与此同时，新的技术与产业生态也为困顿中的传统媒体提供了一个变革与重生的机会。

融合转型的大趋势下，传统媒体转型都走过了哪些路？数字经济给传统媒体的生产模式带来了哪些机遇？结合大数据与新技术，传统媒体在洞察行业趋势、助力政府决策、参与社会治理方面，还可以如何发力？

数字经济时代下的媒体变革

以大数据、云计算、人工智能、区块链等技术催生的数字经济，正成为经济高质量发展的新引擎。中国信息通信研究院发布的《中国数字经济发展白皮书（2021）》显示，2020年我国数字经济规模达39.2万亿元，占国内生产总值比重达38.6％。

尤其在这次抗击新冠肺炎疫情期间，从远程办公、远程医疗到在线教育，数字经济展现出巨大发展潜力。综合一些专家的分析判断，我认为数字经济未来至少有四个发展趋势：

第一，以互联网为核心的新一代信息技术已经成为经济的基础设施，极大地突破了物理约束、空间约束、时间约束。第二，新的业态把各个原有的行业业态围绕信息化主线深度协作融合，完成自身的变革，同时也不断催生新的业态，传统业态需要拥抱新技术完成一次凤凰涅槃。第三，在信息化理念和大数据支撑下，政府综合服务便利性会提升，公众会更积极地参与社会治理，大大降低政府和企业的管理成本。第四，信息技术整个体系即将完成一次蜕变式的、升华式的重构，释放出远超当前技术的能力，使未来数字经济实现进一步爆发式增长。

数字经济正以前所未有的磅礴力量推动历史车轮，媒体发展数字经济是顺势而为。面对机遇和挑战，媒体要提升新闻传播力、舆论引导力、市场竞争力和国际影响力，向着“媒介智能化、传播大众化、内容精品化、服务个性化、广告程序化、产业泛娱化、行业跨界化、市场集中化、运营国际化、监管自律化”的方向不断发展，必须在以下三个方面发挥作用：

一是积极运用新技术，加快建立多媒体新闻信息业态。要在激烈的新闻竞争中胜出，就必须转变传统的新闻信息产品生产观念，调整生产和传播模式，将多媒体运行理念和操作模式运用到新闻信息产品生产的全过程，积极运用新技术，创新内容、形式、方法和手段，加快建立多媒体新闻信息业态，并且要特别突出“移动优先”。

二是着眼提高核心竞争力，实现终端受众的拓展。要进一步创新思路，通过多种有效载体和传播途径，使报道、产品和业务尽可能更多地直接面向受众，直接服务受众，直接影响受众，并具备生活服务、政务服务等拓展功能。

三是以更加积极的姿态，有重点地更大范围参与国际舆论竞争。长期以来，国际舆论竞争中“西强我弱”的总体态势没有得到根本改变，打破西方媒体垄断格局和话语霸权，努力构建国际舆论新秩序，已经成为一项十分紧迫的重大现实任务和战略课题。因此，无论中央或地方媒体，都要以更加积极主动的姿态，在更大范围参与竞争，努力抢夺在国际舆论体系中的话语权，不断增强国际影响力。

传统媒体转型的几种路径

下一代互联网的发展必然带来一个网络空间的新时代，互联网也已经从信息传播的媒介和载体，转而变成一个新的空间或新的世界。传统媒体面临新的舆论生态、社会生态和产业生态，其思想理念、新闻生产、内容传播、管理体制和运行机制都经受着严峻挑战。尤其是伴随受众流失，传统媒体原有的“广告＋发行”模式正在失势。

任何真正的变革都是从理念开始的。以智能移动终端为特征的移动新媒体时代，其实是为困顿中的传统媒体提供了一个变革与重生的机会。在这样的背景下，媒体逻辑也发生了重大变化，构建以新闻生产为基础、以用户关系为核心、以用户需求为指向的“新闻＋”运营模式，是媒体转型的必然。在传媒业与数字经济快速融合的今天，单纯的高质量内容如果不能在互联互通的大格局中找到自己的位置并嵌入以关系为中介的渠道，它的价值就无法实现。

据我观察，传统媒体依据自身的资源、优势及环境等方面的有利因素，大致有四种比较典型的转型路径：

一是依托原有品牌全面带动移动化转型——利用原有品牌的公信力、权威性，全方位全渠道展开移动传播，以移动传播量的积累带动移动化转型。

二是依靠重量级客户端构建新型传播集群——客户端是一个独立的移动传播平台，容量大，延展性强，堪称“重装设备”，能够承载整个媒体甚至媒体集团的移动化转型重任。

三是通过移动传播平台的扩张带动媒体移动化转型——部分省级媒体发现自建移动传播平台（“中央厨房”、客户端等）的技术可为兄弟媒体提供技术支持，同时也能为政府正在推广建设的县级融媒体中心提供较强的技术支撑。

四是利用行政手段进行媒体整合及移动化转型——一些地方党委政府利用行政手段，将区域内的报社、广播电视台甚至部分文化单位整合到一起，成立集团，通过抱团方式推进媒体整合。

以上四种转型路径，目前难以评判优劣难易，条条大路通罗马，只要适合自身发展，有利于做大做强就是好的。需要注意的是，不管传统媒体如何转型，向公众提供新闻依然是其基础功能，这个基础不能丢。

因此，从根本上说，无论媒体融合发展到哪个阶段，内容生产的政治方向、正确导向不能变，党管媒体的原则不能变。立好这根“主心骨”，才能在内容上面做加法、做乘法，走稳走好融合发展的转型之路。

从纸媒到智媒——南都的转型之路

在媒体转型的时代浪潮中，南方都市报在“办中国最好的报纸”的基础上提出“做中国一流智库媒体”的愿景，将自身的传统优势与互联网时代各种新的生产要素结合在一起，这是媒体转型发展的难点，也是南都最大的亮点，体现出智库媒体的优势和特色。

媒体转型做智库的优势首先在于“很接地气”，以研究报告为主的各种智库产品，均与社会治理体系和治理能力密切相关；其次“容易执行”，能够直接针对性地解决问题，在实地调研、深入采访调查方面具有优势；再次是“善于传播”，做智库研究的同时能够挖掘新闻，将社会治理中好的经验做法以新闻的形式更好地传播出去；最后是“多方连接”，媒体自身就能够连到社会各个层面。

一次成功的媒体转型，除了要有先进的理念、科学的判断外，还要有创新实践的勇气、永立时代潮头的胆识和先人一步的谋篇布局。我认为，通过这几年来的探索，南都正在智库型媒体建设的实践中走出一条新的路径和新的范式。

南都发布社会治理、个人隐私、企业声誉等智库研究报告，既是数据新闻，也是深度报道。如2019年在北京发布的《新经济企业涉嫌违反〈电商法〉行为分析报告》，是一个典型的用数据说话，显示大数据分析威力的案例。在协同共治方面，连续多年发布的“广州城市治理榜”，不仅与政府部门形成良好互动，并以“全国唯一的媒体机构和项目案例”获评首届“中国城市治理创新奖”，展现了媒体高度的社会责任感。

我们知道，目前，南都已建立了180多个垂直数据库，储存处理了80亿条存量数据，并开发了一些智能辅助工具。而且，南都顺应网络信息化、分众化、差异化的传播趋势，搭建特色化智库型综合服务平台，推出个性化、对象化、定制化的内容产品。

我们欣喜地看到，按照南方报业传媒集团“移动优先、数据优先、用户优先”战略和“内容智库化、传播智能化”方向，南都已经走出了一条独具特色的智库媒体转型之路，这更让我们看到了南都的大胆尝试和积极探索。

我认为，在未来，智媒的服务功能拓展的空间仍然很大。智媒影响力不仅要体现在媒体的功能上，而且更要体现在自身的研究咨询能力上。

我们坚信，面对当今世界百年未有之大变局，在媒体深度融合转型和智慧媒体建设的道路上，南都将会始终瞄准“做中国一流智库媒体”的目标，坚持党管媒体的原则，秉承服务社会的理念，以创新超越的勇气，以开放融合的视野，加大改革创新力度，发挥智库媒体的最大优势，以更加清晰的路径、更加稳健的步伐、更加显著的成果，让南都展现在世人面前，政策影响力、学术影响力、国际影响力不断提升，书写南都新的转型篇章。

作者系十三届全国人大社会建设委员会副主任委员、中国网络社会组织联合会会长

序三
媒体在大数据行业也能大展身手

□徐宗本

2018年2月8日，我在南方传媒大厦现场见证了南都大数据研究院的揭牌。一晃两年多，2020年7月，在位于广州琶洲的人工智能与数字经济广东省实验室（广州），我与南方都市报的同志再次交流了南都大数据研究院的一些实践经验。

让我欣慰的是，南方都市报在向智库媒体转型过程中，勇敢迈出了一大步，并且取得了一些成绩。我在国内多个场合的演讲中，均提到过南都大数据研究院这一案例，我认为它富有代表性。如今，作为探索者，南都将转型几年的实践经验总结提炼成书，是一件很有意义的事情，为其他媒体机构提供了参考。

技术赋能新闻业务了不得

南都转型的意识是难能可贵的。积极踊跃地挖掘大数据的价值，运用新一代信息技术赋能新闻业务，能够拥有如此意识，就是一件了不得的事情。要知道，截至目前国内仍有不少的机构企业还没有转型的意识，更无从谈实践经验和成绩。

南都转型的动作是整体的。南都900多人的员工队伍，转型涉及报社整体，牵涉范围十分之广。要带领着这么庞大的一个群体转型，一定需要一盘棋的整体思路，也要有关注员工个人价值的细节安排。这一定会经历刮骨疗毒般的疼痛，也必然会有一些失败的尝试，有甘亦有苦。所以，在转型的制度设计上，要为调整和容错留下足够的时间和金钱资本。

南都转型的思路是清晰的。作为一家媒体机构，如何借力大数据开拓新的服务能力，适应新的传播和内容形式，是一个重要的基础问题。南都坚守媒体本分，在媒体机构话语权和传播力优势的基础之上，将“办中国最好的报纸”与“做中国一流智库媒体”这两句标语并排印在《南方都市报》的报头处，新闻生产与智库生产双轮驱动，相向而行。南都在自己熟悉的领域深耕，运用大数据与新一代信息技术实现机构自我革新，用技术为新闻赋能，实现新的媒体价值。

南都转型是很彻底的。一家机构要进行转型，就必然涉及人员结构的变化。往大数据方向转型一定会出现对计算机、统计学、数学等专业领域人才的更多需求。失去了专业人才的支撑，无法重构人才结构，转型就容易失去基层执行力。据了解，南都原有的采编人员已经有超过八成向采编和研究并重的方向转型；在新聘人员中，计算机专业毕业的人员占到了绝大部分；产品岗人员占到了全报社的三分之一。当听到南都的技术团队说程序研发要“最懂新闻业务”的时候，我心里感到踏实——南都确实在做实事。

大数据产业可做精中间产品

大数据是数字经济产业中的一环。当下，数字经济大热，不少地方都将发展数字经济上升到空前的高度，作为新的经济增长极。广州规划了广州人工智能与数字经济试验区，琶洲实验室就位于核心片区的琶洲试验区。我来到琶洲实验室担任主任一职，希望能为广州发展数字经济提供智慧支持。

什么是数字经济？数字经济就是利用虚拟空间的办法来认知、提升现实生产力的一切社会经济活动。虚拟世界是物理世界、人类社会本身之外的第三个世界。虚拟世界有三个最基本的东西：网络化、数字化、智能化。将这三个词延伸到国家发展目标，即分别对应：网络强国、数字中国和智慧社会。

那什么是大数据？如果将大数据理解为需要很大的存储空间来存储，那认识就会比较低级。大数据是大而复杂的数据，具有海量性、时变性、异构性、分布性的特征。数据从量变到质变会产生一个临界点，严格意义上超过这个临界点才达到“大”的标准，所以大数据是个相对概念，与特定的决策问题相关联。

很多人关心大数据怎么赚钱。同样，我也关心南都大数据研究院的转型到底有没有经济效益的产出，毕竟检验转型成效的重要维度就是经济效益。

基于价值链条的不同，大数据产业链有全链条模式和节点聚焦模式。前者关注聚焦全部环节，后者专注当中一环，做精中间产品。充分发挥媒体机构信息采集、传播能力和权威话语权的优势，充分运用新一代信息技术，媒体在大数据行业也能大展身手，闯出一片自己的天地。

在2020年7月的拜访中，我获知南都大数据研究院推出了一系列数据产品，得到了市场的认可，尝到了转型的甜头，在纸媒机构广告份额逐年萎缩的大背景下，为报社整体经济效益贡献了举足轻重的力量。据了解，2021年更上层楼。这是一个良好的开局，南都在智媒转型上的投入正在获得积极良性的回馈，为报社向更深入广泛的层面转型提供了动能。

为社会治理贡献媒体力量

经济效益是一方面，让我和南都产生共鸣的是，南都大数据研究院的产品展现出来的新的服务能力，敏锐又精准地抓住了时代之需，在社会治理中贡献了媒体机构的力量。

比如，南都连续多年发布“广州城市治理榜”，通过搭建一套完整的测评指标体系，用数据说话，展开横向测评，致力于广州市和各区政府职能部门城市治理水平的提升。这是媒体机构用好大数据，服务社会治理的一个典型案例。

南都还成立了企业声誉研究中心，以新经济企业为样本，编制指标体系，构建了新经济企业声誉监测数据库。如此一来，原本网络上看似无用的信息实现了价值再造，企业声誉值在这套指标的运算下实时量化，一方面帮助课题团队生产，另一方面为企业提供智库参考。

2020年底，广州市白云区举办数据创新应用大赛，白云区政府主动公开部分政务数据，通过竞赛形式挖掘数据应用新场景，邀请我为大赛寄语，担任专家顾问。我欣然答应了。现在80%的数据掌握在政府手中，很多人在呼吁政府开放共享数据，这样才能让数据产生关联聚合，产生更大的价值。白云区的数据创新应用大赛也是一个典型例子，政府部门在积极主动地为大数据应用创造条件，孕育市场。而南都承办了这场大赛，参与到赛题挖掘、数据筹备等多个环节，启发数据思维，推动开放共享，这也是新服务能力的体现。

智库产品的生产离不开先进技术的支撑，南都建立了180多个垂直数据库，建立了350多个数据分析模型，开发了四大智能辅助工具。所有这些，都将是南都智媒发展的丰厚基础。

当你翻开这本书的时候，你能看见在短短的几年时间，一群南都人如何在时代浪潮中乘风破浪，每一份数据背后都是对前沿领域的思考。广东开放包容、勇于革新的风气亦跃然于纸上。

作者系中国科学院院士、人工智能与数字经济广东省实验室（广州）主任

目 录

第一章

媒体趋势：躬身入局　智媒维新

本章看点

- 南都人可贵的一点是，决不轻言放弃，即便在最艰难的情况下，也如鲁迅所言：“有确信，不自欺。”

- 成为社会治理多元主体的有机组成部分，不仅是主流媒体的职责使命，也应该是其深度融合的重要发展方向。

- 传统媒体不仅不应该消亡，甚至没有资格消亡，关键是有没有勇气和能力与过往的舒适区彻底挥别。

- 其实，“断崖式下滑”，是传统纸媒遭遇危机的最直接表象，其背后的实质归结起来有两点：话语权的丧失和用户、客户的失联。

- 基于移动互联网的开放平台的强大之处在于，可把内容生产传播的门槛降到零。在这里，不论是个人还是机构，都可以拥有自己的媒体。而传统媒体只是这零门槛线上众多内容生产者中的普通一员而已。平台释放了内容生产传播的民间力量。

2020年8月13日下午6时，没什么重大新闻。对于南方都市报，这也是个普通的日子和时刻。

广州高温，但不时有阵雨来袭，倒也天宇澄净，万物分明。广州大道正遭遇下班高峰，289号大院门口熙熙攘攘。

如果此时在手机上点开“南都采编指挥平台”，或者走进南都采编大楼，可以看到这样的场景：

省情新闻部，内容总监赵安然正在核对当年“广州城市治理榜”一个新榜单的数据和算法。她习惯于边运算边抓头发。新榜单最近又耗掉了她几许青丝。好在同一时间，她接到专家发来的确认参加相关调研活动的反馈微信消息，总算松了口气。

数据研发部，数据分析师罗韵对着屏幕上的数据目录画着思维导图，梳理企业声誉监测系统3.0版需求。她约了产品经理第二天沟通系统的优化原型。邻座的陈泽然则在给数据做标注，计划再给计算机“投喂”35万条拥有七维情绪标签的网友评论，把声誉监测模型训练得更加聪明。

楼上，广佛新闻部内容总监江英正在对PPT进行最后的修改，她本周之内要完成广州某区党建综合体建设运维的执行方案。

隔壁，创意互动部NDX实验室正在讨论“鸡”在粤语中的正宗发音，他们在制作《盏鬼粤语》最新一期的内容——“请食无情鸡”。在大湾区文化融合的背景下，他们正在设计将这个栏目开发成付费课程，进而筹划建立岭南方言传播研究中心。

产品技术中心，首席架构师谢铨正在试图解决深圳经济特区建立40周年直播流支撑的问题。

评论部，评论员吴楚茵刚录制完今天的音频评论节目《三点表达式》，正在忙着同步上传到喜马拉雅平台。

视频事业部，产品经理胡利超又一次打开产品矩阵和拍客建设导图，向技术同事指出内测版待处理的bug（漏洞）。全新的视频客户端“N视频”9月就要上线。随着日期逼近，他和技术同事几乎处在一种绑定状态。

商业数据部，主播贺蓓喝完了那天的第六杯咖啡。她刚刚完成澄海玩具的带货直播，正在谋划如何将南都特色的直播带货拓展到广东的10余个产业带。

南都首席研究员、粤港澳大湾区工作室主持人黄海珊，正在就湾区居民们特别关心的“深圳扩容”话题，在她上千人的用户群里耐心解析，苦口婆心地提醒：不要被带坏节奏！

闷热的电话室里，政法与民生新闻部内容总监李欣正和黄埔区检察院一名检察官通电话，商讨联合举办一场以高空坠物监管为主题的圆桌会议。“民生监督＋公益诉讼”这一组合，意外合拍。该部门主导的名牌栏目《记者帮》不仅要帮市民，更要通过媒体的穿针引线，帮整个城市的基层治理把好脉。用这组年轻人的话说，他们就是想试着“向全社会提供一个南都版本的、以民生监督报道参与社会治理的新模式”。

人力资源部总监何芳芳正在将前一天举办的第二届年薪制评聘结果整理出来，按照采编、研究、产品、研发、设计五个岗位序列，建立起下一个年度内容生产人员的层级体系。接下来，她还有一项重要的配套工作：为这400多名内容生产人员，一人一策，制定出其个性化考核标准。

近百公里外的深圳，南都记者站内一场头脑风暴正在进行。他们讨论着即将到来的特区建立40周年大型直播的细节。按计划，这场直播将持续40小时，在执行上无疑面临巨大挑战。

100多公里外的香港，律师陈子迁正在办公室接受南都记者余毅菁的远程连线。2020年7月《中华人民共和国香港特别行政区维护国家安全法》落地实施后，不少像他这样的爱国爱港人士通过南都，表达了对香港止暴制乱的信心和对美好未来的期待。

200多公里外的汕尾，南都特派研究员唐建丰刚刚带领10余个民调员走访完10余家当地企业。他调研的内容——从需求侧反馈数字政府及营商环境建设，将成为该市营商环境年度报告的重要组成部分。这意味着该市相关党政职能部门的考核将因此而受到影响，这份报告也将成为当地党委政府制定和实施政策的智力参考。

1800公里外的北京，南都北京新闻中心内容总监潘珊菊正在将关于脱贫攻坚进展情况的“一图读懂”传给国新办。参加完发布会迅速制作新媒体产品并回传给国新办分发，已经成为其工作常态。反垄断课题组的李玲则在为新出炉的《科技反垄断浪潮观察报告》拟定传播方案，和同事一起筹备下周举办的落地论坛。

…………

办公室里充盈着紧张、忙碌、疲惫中又带着兴奋的气息，这是正朝着智媒转型的南方都市报最日常的工作切面。

但如果时光倒回到几年前，这里弥漫着的还是焦灼与胶着之气：积年垒建的安全感正在崩塌，行业大势不知走向如何。毕竟，用户客户失联、经营收入腰斩、精英人才流失——传统纸媒的所有遭遇，在立志于“办中国最好的报纸”的南都都得到典型呈现，甚至是加倍呈现。

但南都人可贵的一点是，决不轻言放弃，即便在最艰难的情况下，也如鲁迅所言：“有确信，不自欺。”

当然，也正如任正非在华为遭遇危机时所作的判断：“冬天不是靠熬能够过去的。”重创之下的南都，也不可能仅靠意志力而挨进一个新的春天。

面临变局，南都的管理层很清楚，此时保持战略定力很重要：一边继续埋头做事，一边默默审度时势。做事，是滔天巨浪中的压舱石，可以稳住阵脚、凝聚人心；审度，则是要快速研判出大势所向以及自身坐标。

软肋彻底暴露，铠甲也自然形成。

在百年未有之大变局中，这几年，南都人从时代背景、行业格局、自身坐标几个方面作出审度思考，并试图给出自己的答案。

第一节
关于时代背景的理解

时代是思想之母，实践是理论之源。

“这个时代从不辜负人，它只是磨炼我们。”一旦树立这种坚信，在巨大的风暴中，也可以定下心来打量这个全新世界。站在媒体发展的视角，我们认为，以下几点时代背景需要予以充分的认识、理解和把握。

一、社会主要矛盾发生转化

党的十九大明确中国特色社会主义进入新时代这一新的历史方位，并作出我国社会主要矛盾已经转化为人民日益增长的美好生活需要和不平衡不充分的发展之间的矛盾的重大政治论断。这反映了我国社会发展的客观实际，指明了解决当代中国发展主要问题的根本着力点，为新时代的经济建设、政治建设、文化建设、社会建设和生态文明建设指明了新的发展方向，必将对我国未来发展产生深远巨大的全方位影响。如中共中央党校经济学教研部主任韩保江所言，这一论断是新时代开启全面建设现代化国家新征程的逻辑起点，是对社会主义建设规律认识的新升华。

我国社会主要矛盾的变化是关系全局的历史性变化，对党和国家工作提出了许多新要求，具有鲜明的时代特征和丰富内涵。国家发改委宏观经济研究院研究员林兆木认为，这一新论断更加鲜明地体现了以人民为中心的发展思想。在发展目的和内涵方面，用满足“人民日益增长的美好生活需要”替代原来提的“日益增长的物质文化需要”，不仅包括满足人民对物质文化生活的更高要求，而且包括满足人民在民主、法治、公平、正义、安全、环境等方面日益增长的新要求。在发展存在的主要问题方面，用“不平衡不充分的发展”替代原来提的“落后的社会生产”，使发展的重点由物质生产拓展到包括经济、政治、文化、社会、生态文明“五位一体”的发展，要求大力解决发展不平衡不充分问题。

理解媒体融合转型，必须置于中国特色社会主义进入新时代、社会主要矛盾发生转化这一时代背景之下。社会主要矛盾的转化，时代主题的改变，必然导致社会对媒体的需求点也发生变化。媒体的关注点乃至存在形态也必然要因应调整，必须换一种方式，以互联网思维、全媒体视角，站在新时代开启全面建设现代化国家新征程的逻辑起点上，审视和谋划宣传思想文化工作的内容、对象、方法、手段。

二、社会治理方式面临变革

党的十八届三中全会首次明确提出推进国家治理体系和治理能力现代化。此后，党的十九大和十九届三中全会、四中全会持续聚焦，提出打造共建共治共享的社会治理格局，建设社会治理共同体。党的十九届四中全会通过的《中共中央关于坚持和完善中国特色社会主义制度 推进国家治理体系和治理能力现代化若干重大问题的决定》（简称《决定》）明确提出，“完善党委领导、政府负责、民主协商、社会协同、公众参与、法治保障、科技支撑的社会治理体系”。从管理到治理，代表着参与主体的多元化发展。越来越多的治理主体正在构建起协同共治的新格局、中国之治的特色体系。成为社会治理多元主体的有机组成部分，不仅是主流媒体的职责使命，也应该是其深度融合的重要发展方向。

习近平总书记指出，随着互联网特别是移动互联网发展，社会治理模式正在从单向管理转向双向互动，从线下转向线上线下融合，从单纯的政府监管向更加注重社会协同治理转变。北京市习近平新时代中国特色社会主义思想研究中心高晓虹教授等人认为，这一重要论述深刻揭示了信息技术对社会治理的重要影响。媒体融合发展是信息技术的重要应用领域。当前，媒体融合发展推动形成全媒体传播体系，使信息无处不在、无所不及、无人不用，正在深刻影响社会治理。利用媒体融合发展能进一步促进社会治理专业化、信息化、智能化。

同时，我们也看到，按照中央提出的相关要求，推动媒体深度融合，也需要打通各个领域，统筹各种资源，形成整体合力。事实已经证明，围绕电子政务、智慧城市、营商环境、基层治理、乡村振兴等方面，主流媒体有责任也有能力发挥更积极、更深度的参与作用。可以说，时代给了主流媒体发挥协同共治功能的宝贵机遇。

三、技术进步进入爆炸时代

以5G、大数据、云计算、物联网、区块链、人工智能为代表的先进信息技术，把人类社会推进一个崭新时代，深刻地颠覆了人类的工作和生活方式、社会运转逻辑。未来已来，已经成为普遍共识。

技术的赋能让各行各业都在发生革命性的变化，媒体也无法置身事外。媒体的生产方式、内容呈现、链接途径、管理手段、运作逻辑乃至存在形态，都将发生天翻地覆的变化。在信息技术已经成为基础设施的今天，媒体的深度融合，必定是与技术密切结合的产物。事实上，通过“人工智能+媒体”打造智能媒体生态，已经成为媒体融合的发展动向。2021年10月，Facebook宣布更名为Meta，“元宇宙”概念更是火爆全球。元宇宙资深研究专家马修·鲍尔提出：“元宇宙是一个和移动互联网同等级别的概念。”这意味着它将可能深刻改变未来的社会治理逻辑。而一种普遍的观点认为，社交平台更可能成为元宇宙入口，围绕社交也更容易构建元宇宙。可以设想，或许元宇宙会像上一波的移动互联网一样，在媒体领域率先产生冲击或赋能。

对于技术对媒体融合转型的重要性，习近平总书记有过多次重要论述。2020年9月，中共中央办公厅、国务院办公厅《关于加快推进媒体深度融合发展的意见》中也明确指出，要以先进技术引领驱动融合发展，用好5G、大数据、云计算、物联网、区块链、人工智能等信息技术革命成果，加强新技术在新闻传播领域的前瞻性研究和应用，推动关键核心技术自主创新。

四、传统媒体遇到全新变局

21世纪进入第二个十年后，传统媒体遭遇史上未有之大变局。其固有的生产流程、内容门类、表达方式、商业模式，都面临崩塌。但是，没有死亡就没有新生。从另一个角度看，这恰恰也是媒体破茧重生、迭代升级的关键节点。

如果以智能手机的出现为节点，全球范围内的媒体变局已经持续了十年左右。十年后的现在，再度回望，我们大体可以对媒体时代作一个比较清晰从容的梳理了：

工业时代的主流媒体形态是报纸、广播、电视，主要特点是主流媒体享有信息供给的垄断渠道；信息时代的主流媒体形态增加了网站、自媒体、社交媒体等，主要特点是信息实时在线、多元供给和意见交互；现在，进入了以大数据和人工智能为特点的智能时代，主流媒体正处于快速演进和不断迭代进程中，必然会产生在智慧社会构建发展中发挥不可替代新功能的新物种。

媒体很可能从一直以来的内容提供商，转变为社会治理枢纽。对于新技术可能给媒体转型带来的新业态，在《链能——区块链与产业变革、治理现代化》一书中，南方日报社原社长张东明以区块链为例进行预测：在区块链及其他新技术为核心底层技术的基础上，形成新的规模巨大的内容生产链镶嵌其中的区块平台传播链、社会公众集体维护的信息数据库和全新可靠的社会信息信用评价体系等三位一体的模式。这种传媒新业态将具备以下功能：

第一，实现“一媒千面”。最直观的感受是，受益于工业互联网、物联网，媒体的传播方式、存在形态将发生巨大变化，超出报纸、广播、电视、手机、电脑等载体，而泛在于万物。

第二，实现点对点的可信传播。全真互联网或可信互联网已经呼之欲出。媒体可以从议题设置抓起，按照区块链的特点和用户需求，建立起“去中心化”的传媒产品C2C（个人与个人之间的电子商务）模式，提供认同度和可信度兼具的精准内容服务，解决内容产品的“真”与“信”的问题，从而将传统媒体的公信力和美誉度等优势，转化为生产端和消费端的高信任度和高黏性。同时，通过生产者直接联通消费者，实现更加快速高效的信息服务。

第三，建立社会公众集体维护的数据库。可以通过“去中心化”的方式和共识算法，在发挥自身内容专业生产能力的同时，集体维护一个可靠数据库，并接受公众审核和监督，帮助没有互信基础的成员达成共识，提高内容的传播效能，同时助力于构建强大的传播平台，扩大生产能力和规模。

第四，建立全新可靠的评价体系。上述数据库，同时可以作为对应企业乃至社会各方面评价的重要参照。

第五，营造增值服务点。摆脱媒体传统的广告销售模式，按照区块链的技术特性，与工业生产过程密切融合，可建立形成一体化数字版权管理体系和开放式公众审核与媒体信息来源可追溯机制，为解决媒体产品如何取得收益、建立赢利模式等问题提供可靠依据。为新闻作品提供版权保护、内容使用追溯、版权交易和数据增值等服务，同时构建可信的效果分析网络，使各种增值服务成为可能。

综上，在新一代技术和产业发展的加持下，媒体融合转型将面临更加彻底的颠覆，媒体有可能逐渐演化出一个新物种，其价值将更多地体现在成为社会治理的重要枢纽，并延伸至政治、经济、社会、生活的方方面面。

五、媒体职责使命被高度重视

2016年2月19日，习近平总书记在党的新闻舆论工作座谈会上强调，“党的新闻舆论工作是党的一项重要工作，是治国理政、定国安邦的大事”，“做好党的新闻舆论工作，事关旗帜和道路，事关贯彻落实党的理论和路线方针政策，事关顺利推进党和国家各项事业，事关全党全国各族人民凝聚力和向心力，事关党和国家前途命运”。

党的十八大以来，习近平总书记对加强和改进新闻舆论工作提出一系列富有创见的新观点、新论断、新要求，以中国特色社会主义伟大事业为时代背景，以实现中华民族伟大复兴中国梦为奋斗目标，科学回答了事关新闻事业长远发展的一系列带有根本性、战略性、全局性的重大问题，深刻论述党的新闻舆论工作的历史方位、职责使命、方针原则等重大课题，为新时代新闻舆论工作指明了前进方向，提供了根本遵循。

党的十九届四中全会《决定》中，专门提到要“构建网上网下一体、内宣外宣联动的主流舆论格局，建立以内容建设为根本、先进技术为支撑、创新管理为保障的全媒体传播体系”。在这里，媒体建设是被作为中国特色社会主义制度、国家治理体系和治理能力现代化的组成部分而提出来的。

通过学习习近平总书记关于新闻舆论工作的一系列重要论述和中央相关政策决定，我们不仅进一步明确了自身职责使命，也看到了深度融合发展的方向和机遇，增添了迎接挑战的底气和信心。传统媒体不仅不应该消亡，甚至没有资格消亡，关键是有没有勇气和能力与过往的舒适区彻底挥别。

第二节 关于媒体格局的研判

审度完时代大势后，再把目光收回到中观层面，媒体的行业格局是怎么走到今天这个局面的，后面又将有怎样的走势？在南都融合转型的过程中，我们一边摸索，一边思考，试图给出自己的研判。

一、媒体老套路为什么不灵了？

10余年来，对于中国媒体发展而言，有几个具体的时间节点值得写进行业发展史：

2009年8月，微博诞生；

2011年1月，微信诞生；

2012年8月，今日头条诞生；

2016年9月，抖音诞生。

这些有代表性的互联网新物种，具体而深切地稀释了传统媒体功能，打破了传统媒体的垄断，颠覆了传统媒体的价值，建立了全新的基于移动互联网传播的内容标准、话语体系和生态关系。

此后，“断崖式下滑”成为描述传统纸媒的一个高频关键词。很多陪伴读者多年的知名品牌都遭遇巨大的生存危机，甚至直接停刊关张。而在更早之前，报业寒冬已经席卷欧美国家。

其实，“断崖式下滑”，是传统纸媒遭遇危机的最直接表象，其背后的实质归结起来有两点：话语权的丧失和用户、客户的失联。

这场全球性的行业大败退让我们认识到：传统媒体与所谓新媒体的竞争，是不同物种的竞争。不论是微博、微信、今日头条，还是抖音、快手，都是依托移动互联网，建立了一个开放的内容平台。基于移动互联网的开放平台的强大之处在于，可把内容生产传播的门槛降到零。在这里，不论是个人还是机构，都可以拥有自己的媒体。而传统媒体只是这零门槛线上众多内容生产者中的普通一员而已。平台释放了内容生产传播的民间力量。

渠道垄断彻底丧失

传播渠道平台的开放普及，让传统媒体人不得不面对一个残酷的真相：纸媒时代的底气和自信，其实很大程度上来源于自身对信息发布渠道的垄断。在万物为媒、人人为媒的时代骤然到来时，传统媒体旧有的生产方式和内容门类面临极大挑战，其固有价值被迅速稀释。而且，这种稀释还在加剧。一个典型的案例是，教育、健康、金融等任何一个面向大众的专业类互联网产品，不论其是以APP、小程序，还是公众号的面貌出现，在其主功能之外，基本上都会附加资讯传播的功能。

表达方式单一滞后

移动平台的开放生产带来内容表达的高度自主化、个性化，技术工具的普及带来表达形式的活泼化、多元化。媒体的创意最多只能算是移动互联网大海中的一朵浪花而已，不再是绝对的引领者。

没有人格化生产

移动互联网经济的一大特色就是“粉丝”经济，“粉丝”对应的就是网红。一个网红大V的影响力、话语权和组织动员能力往往能达到惊人的地步。而传统的编辑部操作方式，显然是与此格格不入的。

缺乏社群化传播

传统媒体虽然有时政、社会、经济、娱乐等板块划分，但是，移动传播平台可以基于强大的算法，针对不同群体实现精准分发，同时根据兴趣点无限垂直细分。每一个垂直细分领域背后，都是一个精准社群。再垂直专业的传统媒体，也无法与移动互联网平台相比。之前拥有的所谓读者群，就这样眼睁睁地被拆散、分化。

二、对当下媒体格局的理解与判断

2014年被称为“中国媒体融合元年”。当年8月，中央全面深化改革领导小组第四次会议审议通过了《关于推动传统媒体和新兴媒体融合发展的指导意见》，提出要推动传统媒体和新兴媒体融合发展，要遵循新闻传播规律和新兴媒体发展规律，强化互联网思维，坚持传统媒体和新兴媒体优势互补、一体发展，坚持先进技术为支撑、内容建设为根本，推动传统媒体和新兴媒体在内容、渠道、平台、经营、管理等方面的深度融合，着力打造一批形态多样、手段先进、具有竞争力的新型主流媒体，建成几家拥有强大实力和传播力、公信力、影响力的新型媒体集团，形成立体多样、融合发展的现代传播体系。

六年后的2020年6月，中央全面深化改革委员会第十四次会议，再次聚焦媒体融合发展，审议通过了《关于加快推进媒体深度融合发展的意见》，提出必须更好发挥主流媒体压舱石、黏合剂、风向标的作用，着眼于夯实党执政的社会基础、群众基础；明确了媒体深度融合发展的总体要求，要求深刻认识全媒体时代推进这项工作的重要性、紧迫性；提出尽快建成一批具有强大影响力和竞争力的新型主流媒体，逐步构建网上网下一体、内宣外宣联动的主流舆论格局，建立以内容建设为根本、先进技术为支撑、创新管理为保障的全媒体传播体系。

可以说，上述两份文件清晰地标明了中国媒体融合发展的两个阶段。经过六年的发展，中国媒体融合转型已经进入下半场。与上半场的震荡式发展相比，下半场的基调也已经显现：深度融合，加速发展。结合实际，我们可以对当前媒体格局和下一步走向作出以下几点研判：

第一波新陈代谢基本完成

经过上半场的融合转型，一批央媒老大哥率先推动了迭代升级，一批省级主流媒体找到了自身的发展路径，一批县级融媒体中心也正崭露头角；而以都市报为代表的大部分市场化传统媒体，有些已被淘汰，大部分还在苦苦求存，但也有一些领军者在探索中发现了新的方向。

可以说，上半场的生死演义已经结束。没有死亡，就没有新生。对于专业化、市场化的主流媒体而言，接下来要看的，是如何开拓各自的新路径。

媒体的划分标准不再是新旧之分，而是优劣圈层之别

时至今日，我们无法再用新媒体、传统媒体这样的称呼来划分媒体了——这既不科学严谨，也不符合实际。因为，任何一家留存下来的所谓传统媒体，其内容出品和生产方式甚至人员结构都发生了巨大变化。理论上来讲，所有新媒体的内容，他们都能生产。新媒体变成了一种工具和手段，就像电脑和手机一样，成为当代人日常工作生活的一种必备设施，没有任何神秘可言。

从这个意义上说，目前，所有的媒体被拉回到同一个起跑线上，区别只在于，融合转型的深浅、内容生产的优劣、自身定位所处的圈层（也就是你想影响什么样的群体）。所以，我们认为，目前媒体没有新旧之分，只有优劣之别、圈层之别。

平台媒体、自媒体、主流媒体的生态格局基本形成

以今日头条为代表的移动互联网平台与传统媒体尤其是纸媒之间，一度形成奇妙的关系：不时激进对立，却无法断绝关系。这说明，平台媒体和主流媒体之间的共生关系从一开始就是异常紧密的。而自媒体作为一股重要的力量，让这种共生生态更加稳定。经过数年的演进，可以说，平台媒体、自媒体、主流媒体的生态格局已经基本形成，大家各自找到了自身的价值点和存在模式，也基本稳固了彼此间的依存关系。

幸存者加速进化

如果说媒体融合转型上半场的主题是“摧毁与求生”，下半场的主题则为“进化论”——经过剧烈震荡后，部分媒体已经拿到了新时代的入场券，并正在演化出不同的路径。

但大的方向是坚定无疑的：主力军挺进主战场，以互联网思维优化配置资源；做好用户运营，走好全媒体时代的群众路线；以先进技术为引领，推动策采编发的融合转型；提升优质内容产能，推进内容生产的供给侧结构性改革等。

而作为媒体融合发展的最新指导性文件，《关于加快推进媒体深度融合发展的意见》更是把“加快”和“纵深”作为题中之义。正如时任中国教育电视台总编辑胡正荣所分析：整体而言，下一步媒体融合需要紧扣“加快、推动向纵深发展”的总要求。一是要加快，在智能网络时代，随着5G、物联网、人工智能等普及应用，媒体融合窗口期非常逼近，没有建成全媒体的主流媒体将很难再有机会重新按下融合按钮；二是要纵深，即深化体制机制改革、深度进行全媒体人才培养及资源配置这两个关键，同时深化全媒体流程优化与业态布局、全媒体平台再造这两个重点，大力提升“1+1>2”的增值能力，而不是内耗。这样才能够真正落实最新中央文件精神，并真正收获推进媒体融合、建设全媒体带来的效用与效益。

三、对主流媒体的价值趋势分析

随着新传播生态的演化，随着社会治理共同体的日益强化，随着5G、大数据、云计算、区块链、人工智能时代的到来，留存下来的主流媒体要重新审视自身的价值。

对于主流媒体的价值趋势，我们有六方面的研判：

资讯生产传播优势在弱化：随着传播渠道的泛在化，浅表性资讯生产传播的门槛会越来越低，媒体在这方面的传统优势继续弱化。

算法要由主流价值观驾驭：媒体融合的上半场已经证明，算法是一把双刃剑，必须在主流价值观的驾驭下，才能确保媒体内容生产传播的公益属性、社会责任，乃至意识形态和社会秩序的安全稳定。

大众媒体也需要垂直生产：除了泛资讯外，媒体内容生产已经越来越难同时满足所有受众的需求，每一个内容产品在生产之初就需要有明确的对象意识。垂直化生产是大众媒体的一个必然选项。

协同治理新功能日益重要：如前文所述，在社会治理日益开放多元的环境下，媒体在参与治理方面的优势非常显著。在传统的新闻发布、舆论引导、组织动员之外，参与社会治理，作为媒体的潜在功能，有望被发掘激活、培育壮大。

精准用户私域流量是蓝海：在媒体融合下半场，传播效能将成为媒体内容生产价值的一个关键评估指标。除了流量，媒体价值更体现在到底如何精准影响了用户圈层，产生了什么样的传播效能。因此，精细化、分众化、差异化的传播，是趋势，也是媒体发展的蓝海。

技术赋能是充分必要条件：在5G、大数据、云计算、区块链、人工智能时代，没有技术赋能，所有媒体融合的设想都只能是空中楼阁。

综上所述，在“资讯找人”的时代，浅表性的泛资讯生产，对主流媒体已经没有价值了。主流媒体需要针对需求侧的变化，对内容供给侧进行结构性变革，对自身价值重新挖潜。这种潜力点就在于对党的政策主张的积极传播、对时代风云的生动记录、对社会进步的大力推动、对公平正义的守望捍卫，以及垂类方案的精准供给能力和对美好社会的共建共治能力等。

基于时代背景和媒体格局的分析研判，我们可以看到媒体融合转型的大势所趋。在此大势下，各家媒体结合自身禀赋所走的道路可能各有不同，但前提是毋庸置疑的，那就是必须坚守初心使命，置身时代大局。只有把自身摆进时代大势中去，以主人翁的姿态拥抱新时代，担当新作为，在承担职责使命、融入家国大局、助推社会治理的过程中，才可能实现智媒转型、深度融合、加速发展。毕竟，“天下事，在局外呐喊议论，总是无益，必须躬身入局，挺膺负责，乃有成事之可冀”。

本章主笔：王海军（南方都市报副总编辑）

第二章

南都路径：数据型智库媒体

第一节　融合转型的前提取向

第二节　再出发前的家底盘点

第三节　未来发展的方向定位

第四节　内容供给的产品门类

第五节　新型能力的建设路径

第六节　智慧转型的支点抓手

第七节　转型探索的阶段收获

本章看点

➲ 从这一刻开始，南都坚定踏上了自己的融合转型之路。这条路的方向叫数据型智库媒体。驱动其前进的双轮分别是内容智库化、传播智能化；其动能转换来源则是移动优先、数据优先、用户优先。

➲ 通过切实的服务，连接群众，连接用户，在提供政务服务、商务服务、群众服务的过程中，走好全媒体时代的群众路线，把曾经失联的资源紧密连接起来，在春风化雨中实现舆论引导。

➲ 这几年，南都内容生产的重点之一，就是想尽各种办法抬高内容生产的门槛。对外实现内容出品的错位竞争，对内实现生产动能的转换。

➲ 大数据不仅是一场技术和产业革命，也将带来国家治理的深刻变革、媒体融合的深刻变革。基于此，可以说“数据治国”时代开启，“智媒时代”来临。

➲ 相对于移动优先、数据优先，我们对用户优先的理解和认识也有一个过程：从一味追求公域流量，到追求私域“留量”，再到有意识谋划运营精域“鎏量”。

2016年12月28日，珠江南岸，广州塔下，南方都市报20岁庆生会简朴而隆重地拉开帷幕。

时值岁暮，南国尚暖。故交新知，云集一堂。

就在当天的活动上，南都提出新的口号——“换一种方式”，正式对外宣布，要转换内容生产方式、话语表达方式、商业运营模式、价值投资方式。

经过几年的阵痛、徘徊，从这一刻开始，南都坚定踏上了自己的融合转型之路。

这条路的方向叫数据型智库媒体。

驱动其前进的双轮分别是内容智库化、传播智能化；

其动能转换来源则是移动优先、数据优先、用户优先。

第一节 融合转型的前提取向

你是谁？从哪里来？要到哪里去？——被网络调侃为“灵魂三问”的终极问题，放到媒体转型的领域内依然是必须回答的命题。

只是，每家媒体的资源禀赋、历史负担、区域坐标不同，使得面临的实际问题千差万别，甚至有时讨论的根本就不是同一回事。中央媒体和地方媒体不一样，机关报与都市报也有不同。在实践过程中大家逐渐发现，媒体融合转型，没有统一模式可以复制。

对南都而言，融合转型有几个前提取向是明确的：

一、要转型，不要转行

对于媒体融合转型，这些年来，国内同行们作了大量探索，依托各自优势，走出了不同路径。

在这方面，南都有自己的理解和坚持：活下去或活得好的方式有很多，但媒体需要做的是转型，不是转行。不论怎么转，首先还是应该立足媒体属性、内容为王，坚持媒体应有的使命和担当。

这方面，习近平总书记有明确论断，强调推动媒体融合发展的重大意义在于：做大做强主流舆论，巩固全党全国人民团结奋斗的共同思想基础，为实现“两个一百年”奋斗目标、实现中华民族伟大复兴的中国梦提供精神力量和舆论支持。

党的十九届四中全会审议通过的《中共中央关于坚持和完善中国特色

社会主义制度　推进国家治理体系和治理能力现代化若干重大问题的决定》更进一步具体提出，“建立以内容建设为根本、先进技术为支撑、创新管理为保障的全媒体传播体系”。这里实际上非常清晰地指明了媒体转型的三大重要支点——内容、技术、体制机制，而内容建设被明确定位为融合转型的根本。所以，如果脱离内容建设谈转型，无疑是放弃了自身的初心使命，走错了主流媒体该有的方向。

二、转型需要结合时代主题

这是数据驱动的智能时代。5G、大数据、云计算、物联网、区块链、人工智能，这些新技术已经真切到来。中科院院士梅宏表示：大数据应用成为一种趋势，不仅仅在于它能提升人们生活的便捷度，改变人们的生活习惯，更在于它背后的观念变革，有可能引起社会结构的变化。某种意义上，谁能下好这步“先手棋”，谁就能掌握开启未来之门的钥匙。

中央对大数据的价值也空前重视。习近平总书记多次强调，要运用大数据提升国家治理现代化水平。要建立健全大数据辅助科学决策和社会治理的机制，推进政府管理和社会治理模式创新，实现政府决策科学化、社会治理精准化、公共服务高效化。可以说，数据驱动的智能时代正在到来。

这是协同共治的新时代。党的十八届三中全会正式提出了推进国家治理体系和治理能力现代化；十九大对我国社会主要矛盾转化作出战略判断，并明确提出打造共建共治共享的社会治理格局；十九届四中全会继续聚焦国家治理体系和治理能力建设，系统地总结了“中国之治”的13项制度原则，明确提出建设社会治理共同体。

事实上，在媒体日常工作中，能真切感受到时代主题的深刻变化：社会治理的协同创新、高质量发展的切实抓手、人民群众对美好生活的期待，正成为地方党委政府的施政重点。

时代呼吁新型智库。党的十八大以来，习近平总书记从坚持和发展中国特色社会主义、实现中华民族伟大复兴的高度，多次阐述加强中国特色新型智库建设的有关问题。加强中国特色新型智库建设，也被正式写进了党的十九大报告。

在这一战略指引下，相关各界也在纷纷探索新型智库建设之路。我们认为，这同时也为媒体融合转型指明了一条光明道路。媒体天然的家国情怀、使命担当，以及直面社会、广泛连接的特点，使其具备了往新型智库方向转移的基础。

令人振奋的是，国家层面陆续出台了相关意见，对媒体的智库转型给出了更加具体清晰的指引。2018年3月，原国家新闻出版广电总局印发《关于加快新闻出版行业智库建设的指导意见》，鼓励主流新闻出版单位建设媒体型智库。

2020年9月，中共中央办公厅、国务院办公厅印发的《关于加快推进媒体深度融合发展的意见》明确提出：要发挥市场机制作用，增强主流媒体的市场竞争意识和能力，探索建立“新闻＋政务服务商务”的运营模式。对此，专家解读为，这实际上传达的就是一种媒体融合服务于社会治理的新理念。我们认为，这就是有别于传统智库的一种新型智库发展方向。

三、转型需要立足自身实际

习近平总书记说：“传统媒体和新兴媒体不是取代关系，而是迭代关系；不是谁主谁次，而是此长彼长；不是谁强谁弱，而是优势互补。”又表示：“推动媒体融合发展，要统筹处理好传统媒体和新兴媒体、中央媒体和地方媒体、主流媒体和商业平台、大众化媒体和专业性媒体的关系，不能搞‘一刀切’‘一个样’。”对很多在转型路上徘徊彷徨的媒体而言，上述论断可谓一针见血，鞭辟入里，振聋发聩，拨云见日。

媒体融合转型，没有统一模式可以复制。现在回头来看，不少都市类媒体犯的一个错误是追随型转型，对移动互联网因为惧怕而迷信，因为迷信而迷失，忘了自己是谁，忘了自己的比较优势、核心竞争力究竟是什么，完全按照移动互联网的节奏走，试图在自己完全不懂的赛道里竞争，结果可想而知。

“若不进入传统，则无法添加新物。”自己的肉必须长在自己的骨头上。媒体融合转型，必须立足自身实际。我们至今也没看到，哪家传统纸媒办出一个今日头条来。事实上，经过严格训练的优秀采编团队、优质原创内容生产能力、对接政务资源的畅通渠道，是主流媒体安身立命的根本，更是无可替代的比较优势。在此基础上，打造新能力，增创新优势，才是转型的正道。

四、转型需要解决生存模式问题

对于传统纸媒而言，其基本的商业逻辑是影响力变现，通过影响力吸引广告、扩大发行。但是，如前所述，传统纸媒遭遇“断崖式下滑”背后，是生产和传播门槛的降低而导致的话语权危机，最直接的后果就是用户和客户的双双失联。也就是说，读者不见了，客户自然也消失了，诞生至今赖以运营的商业模式不灵了。

对于大部分党媒集团所办的都市类媒体而言，这场转型的艰难之处就在于，不仅要解决内容生产传播问题，更要解决活下去的问题。在媒体融合转型的大潮中，我们看到过太多失败的案例，有的内容极具亮点，但因为没有生存模式而只能昙花一现；有的急于求成，而走上歪门邪道，更是无法长久。

事实上，只有真正贴近群众、融入市场，才能拥有持久的造血机制，才能将生存发展主动权牢牢掌握在自己手中。《关于加快推进媒体深度融合发展的意见》中，也将运营模式的转型作为一个要点，提出媒体融合转型要围绕主业、紧贴市场、关注民生，探索建立“新闻＋政务服务商务”的运营模式。

摆脱对传统广告模式的依赖，找到适合自身的商业模式，为公共利益鼓与呼，以创新服务做运营，与正道企业共成长，从而让自己活下去、活得好，对南都而言，这一点从一开始就是转型探索的当然前提。

虽然也有过迷茫焦虑甚至曲折弯路，但总体而言，南都融合转型的上述前提取向还是清晰坚定的。

第二节
再出发前的家底盘点

在经历剧烈的大震荡后，重新整装出发时，有必要盘点一下自己还有什么家底。我们认为，对南都而言，20余年积累下来的主要有以下四项财富：

一、人才队伍

国以才立，政以才治，业以才兴。人是推动事业发展的主体。人才是第一资源，已经成为全社会的共识。所以，在盘点自身家底时，我们首先审视的就是还拥有什么样的人才队伍。虽然也遭遇了大量的人才流失，但

南都人怀抱梦想，眼里有光

在2016年底，南都依然有500多名职业采编人员。他们受过专业训练，怀抱梦想，业务精良。

在专业传承上，南都在传统纸媒时代的新闻专业技能，从来没有被忽视和放弃过，并得到了很好的传承延续；在人才结构上，除了传统记者编辑外，已经储备了一批技术、数据、创意、视频等适应新媒体传播环境的人才；在人才梯队上，各个阶段的中坚骨干依然坚挺，保证代际衔接不会断档；在职业精神上，虽然面临行业性的大冲击，但留下来的这群人底色不改，依然保持着对新闻职业的敬畏、对家国情怀的坚守、对书写记录时代的热切。这是南都至为宝贵的财富。

二、品牌影响

南方都市报的品牌影响力以及其背后的公信力依然巨大，南都依然拥有数量可观的忠实用户群，依然在社会上拥有较高的知名度、美誉度、偏好度、忠诚度。

根据2016年世界品牌实验室发布的《中国500最具价值品牌》分析报告，南方都市报以235.72亿元的品牌价值，位居榜单第144位。而传播力、连接力虽然面临冲击，但基础没有动摇。经过20多年的发展，南都累积了一批具有高黏度的读者用户群体，他们对南都拥有较高程度的情感忠诚和认知忠诚。尤其是在珠三角地区，南都对经济、社会、民生等领域的运营深入城市肌理之中，与区域共同呼吸，一起脉动，某种程度上说，已经成为城市的一部分。

南都不是无根之木。这为南都下一步转型提供了扎实的现实支撑。相比新兴自媒体，这些依然是巨大的比较优势。

三、市场经验

温室里的花朵经受不住风吹雨打，不能到市场上搏击的媒体也无法拥有持久强大的生命力。进一步增强自身的市场竞争力，是媒体融合转型的应有之义。对此，《关于加快推进媒体深度融合发展的意见》中有明确论述：要发挥市场机制作用，增强主流媒体的市场竞争意识和能力，探索建立“新闻+政务服务商务”的运营模式，创新媒体投融资政策，增强自我造血机能。

作为生长于南方、崛起于市井的媒体，南都在改革开放的时代背景和市场经济大潮中成长壮大。20多年来，正是靠着“闯”的精神、“创”的劲头、“干”的作风，在市场中摸爬滚打，经风历雨，才练出一身本领，累积了丰富的市场运作经验，有较为敏感的市场意识和相对灵活的体制机制。强大的市场化基因，也必将成为南都在新一轮融合转型中的重要支撑。

四、专业能力

南都依然具备较强的传统专业能力乃至特色能力：

传统能力：深度调查、人物访谈、时局观察、社会记录、观点言论、文本写作等传统纸媒的专业优势，在南都依然得到尊重、传承。

数据能力：这可以说是南都的一项特色能力。早在2012年，南都就成立了数据新闻工作室，试水数据新闻、可视化新闻、评价类新闻，并获得了市场的积极反馈，也形成了初步的人才储备和生产模式。

截至2016年，南都数据生产已经大致经历了初创期、培育期、发展期，数据体系初具规模、效果初具影响、运作初具模式，对内实现了数据理念的普及、人才团队的搭建，对外初步形成了评价体系，重塑了话语权力，培育了基本市场，为下一步的深度融合、全面转型奠定了基础。

技术能力：南都从2005年“触网”，培育了一支技术团队。最为关键的是，这是一个懂媒体的技术团队。在新时代来临时，他们可以迅速顶上并融入采编团队。

当然，相对于上述四点家底，我们面临的困难更多。

不过，“志之所趋，无远弗届，穷山距海，不能限也”。正如习近平总书记勉励青年所言，“对想做爱做的事要敢试敢为，努力从无到有、从小到大，把理想变为现实。要敢于做先锋，而不做过客、当看客”。

正是在此种理念的激励下，重创之下的南都以清零的心态，筚路蓝缕，坚苦刻厉，走上图存之路，开启二次创业。

第三节
未来发展的方向定位

《南方都市报》的logo是红底黄字，内部人士常常自我调侃为“西红柿炒鸡蛋”。从诞生之初，其旁边就一直紧跟着一行小字：办中国最好的报纸。字虽小，却与“西红柿炒鸡蛋”一样色彩鲜明、心志毕现。

有一天，《南方都市报》报头做了一个改变，红底黄字之下，增加了一行小字——“做中国一流智库媒体”，与原先的“办中国最好的报纸”对称而立。这个改变并不显眼，却意义重大：南都的转型路径以这种形式高调铭刻，稳固永续。

这一天是2019年4月10日。事实上，在此之前，南都已经在新方向上阔步前进了两年。而如果溯源这一转型方略的酝酿谋划，则要到更久远的2013年。

一、南方报业的战略

2013年，在移动互联网的冲击刚刚形成时，南方报业传媒集团就敏锐感知到大变局即将到来，提出了“深耕主业、多元开拓、加快转型、融合发展”的战略，在国内媒体中率先提出了融合转型的方略。时任南方报业传媒集团党委书记莫高义曾解释，“深耕主业”强调内容为本，履行政治使命；“多元开拓”注重产业拓展，壮大经济实力；“加快转型”指明生产、传播、服务转型路径，提升服务能力；“融合发展”着眼于组织、流程、机制再造，实现内容、渠道、平台、经营、管理深度融合。

2017年，南方报业传媒集团进一步明确提出“立足报业谋融合、扎根传媒促转型”，提出了“内容智库化、传播智能化”的发展方向，“移动优先、数据优先、用户优先”的战略，以建设智慧型文化传媒集团为发展目标。时任南方报业传媒集团党委书记刘红兵阐述这一发展目标时表示，通过从报业集群向全媒体集群、从信息资讯传播向数据智慧服务、从传统报业集团向文化传媒集团的转型，对外提供智慧型服务，对内实行智能化管理，不断增强自我发展能力，巩固壮大党的舆论阵地。

2020年，时任南方报业传媒集团党委书记崔朝阳表示，要进一步强化主业意识，在供给侧结构性改革上下更大功夫，形成具有全国影响力的新闻品牌集群。要不断加强南方传媒智库建设，不断加强传播手段和话语方式创新，切实提高传播的抵达率、精准度和有效性。持续探索与高水平新型主流媒体相适应的可持续发展的新媒体商业模式。以“传媒+”思路不断开拓多元新兴产业，打造新型主流媒体与多元文化产业发展闭环。

对于南方报业传媒集团的探索之路，集团党委书记黄常开将其概括为：以传播能力建设为抓手，立足自身实际，抓住窗口机遇期，集中优势资源，壮大旗舰，做强新媒体拳头产品，进而引领整体发展变革，提升品牌和影响力。

总结这些思考和探索形成的工作思路，概括起来就是：战略层面的“三个一体化”——内容一体化生产、技术一体化支撑、经营一体化统筹；战术层面的“四化”——移动化、平台化、可视化、智慧化。通过实施“三个一体化”，集中精力攻坚克难，算大账不算小账，从宏观上打破内容、技术、经营等方面制约融合发展的各种有形、无形藩篱，实现快速集约发展。通过实施“四化”，积极进军网络舆论主战场，拓展智慧化生存和服务能力，延伸影响力。

2013年以来，南方报业传媒集团编制实施了两个三年行动计划。回看近十年的发展历程，南方报业战略发展上既有因时因势的调整优化，又保持了高度的延续性，主业、融合、智慧型服务、内容供给侧改革、传播能力建设，是高频关键词。融合转型始终坚持以内容建设为根本，始终坚持传播能力建设，始终坚持服务国家战略、民族复兴。

二、南都转型的方向

长于战略运筹，注重战略引领，是南方报业改革发展的一个鲜明特征。正是在这一系列战略指引下，南方都市报结合时代主题，立足自身实际，重组话语体系，重塑话语权力，明确提出了自己全新的方向定位：数据型智库媒体。

经过几年的探索，南都的新方向、新定位大体上可以概括为：

以优质化、差异化内容建设为根本，以大数据、云计算、人工智能等先进技术为手段，以体制机制创新为保障，发挥媒体资源聚集力、社会动员力优势，因应新时代治理体系中的新需求，推动内容智库化、传播智能化，以此实现与用户、客户的强连接，最终将自身的内容生产力、用户连接力、舆论引导力、治理服务力转化为党的执政资源，巩固壮大主流思想舆论。

对于数据型智库媒体，我们理解为：既是媒体，又是智库；既是大数据发掘研究机构，又是文化创意传播机构。

首先，其本质属性还是媒体。牢记“48字”方针，承担好党的新闻舆论工作的职责和使命。媒体属性是基础，内容生产是根本。同时，在传播形态和链条上又有别于传统媒体，而是以习近平总书记提出的“四全媒体”为目标，把自己建设为全程媒体、全息媒体、全员媒体、全效媒体。

其次，其又有强烈的智库属性，且明显区别于传统智库。选题上，紧跟热点，贴近时事，有别于书斋里的研究；目标上，立足于服务党委政府和区域及行业治理；方法手段上，更多借助大数据资源，建立起基于人工智能的算法算力，通过个性化生产、精准化分发、数据化反馈，实现传播的闭环，以大数据的占有、分析助力智库生产；产品链条上，不仅做研究、观察、咨询，更躬身入局，以亲身实践参与协同共治。基于自身的调查能力、研究能力、连接能力、传播能力，为党委政府推进重点工作开展调查研究，提供解决方案；为企业行业合法合规发展，提供观察报告、治理参考；为群众用户提供健康、教育、日常生活等垂直领域的精准服务。

通过切实的服务，连接群众，连接用户，在提供政务服务、商务服务、群众服务的过程中，走好全媒体时代的群众路线，把曾经失联的资源紧密连接起来，在春风化雨中实现舆论引导。

“做中国一流智库媒体”这一新的目标愿景，也可以理解为，就是要立足于做最懂党委政府、企业行业、用户需求的智库媒体，为党的十九大提出的中国特色新型智库建设作出探索。

南都的新能力建设也正是围绕上述方面展开的。

第四节
内容供给的产品门类

以终为始，审视当下，就能倒逼自身审视在新格局中、新定位下的内容生产，哪些是该坚持的，哪些是必须舍弃的。经过思考研判、摸索实践，南都确定了重点打造的融合转型产品，主要有以下三大门类：

一、优质原创

我们的本质属性既然是媒体，就不能脱离媒体的本行。不论怎么转，都要牢牢坚持“48字”职责使命，做好“党的政策主张的传播者、时代风云的记录者、社会进步的推动者、公平正义的守望者”。所以，传统媒体的本业——做好新闻传播和舆论引导，依然不能有丝毫动摇。代表党和政府声音的权威发布、致力于激浊扬清提供真相的深度调查报道、以解决民众生活难题为目的的民生帮办新闻、立足媒体第三方公信力的检测评价类报道、明辨是非凝聚共识传递价值引导舆论的观点评论等，依然是南都必须坚守的底层产品。

一般情况下，传统意义上的“线上通稿”、缺乏公共价值或生产门槛偏低的一般类资讯，在南都的发稿空间越来越小。这几年，南都内容生产的重点之一，就是想尽各种办法抬高内容生产的门槛，对外实现内容出品的错位竞争，对内实现生产动能的转换。

二、创意传播

适应移动互联网的特性，充分发挥创意的力量，一方面，为各种内容传播赋能，大力强化条漫、长图、魔画、海报、小程序、音频、视频等形态的创意传播产品。同时，还推动创意本身成为一种产品。南都这几年打造了“粤爱”等一系列完全基于创意的内容产品，成为一种全新的内容门类，丰富了媒体产品序列。

为了壮大创意传播力量，南都专门成立了创意中心，目前团队有50多人，除了文案创意人员外，还涵盖了插画师、前端工程师、交互设计师等岗位。“创意+传播”已成为南都融合转型探索的尖兵，也是南都的“爆款制造机”。

三、智媒服务

这是南都内容产品的全新品类，也是南都作为智库媒体的探索重点所在。总结实际探索经验，我们将其概括为四种类型：

社情研判类

这部分其实是基于传统媒体的深度观察、政策解读类稿件延展出来的公共产品，本质上还是属于公共报道的范畴。但它和传统意义上的深度报道、解读观察相比，还是有明显不同。

首先，其素材来源和生产手段更加丰富，大数据成为重要依托。其次，其呈现方式更加多元，榜单、指数、测评、调研等形态成为主流，可视化成为一个重要标签。通过这类内容产品，南都可以有效拉开和同行出品的差距，实现内容供给侧结构性改革的突破。

定向咨询类

这是定制服务类产品，为特定委托主体提供基于媒体智库视角的决策咨询服务。这也是传统媒体能力转型和服务提升的一个重点突破方向。

协同共治类

中国人民大学教授郑保卫说，要将媒体融合置于社会治理的语境中加以考察，服务于智慧城市建设，降低人民群众参政议政、参与社会治理的门槛，做到立足本土、精耕细作、服务百姓。

对南都而言，深入参与社会治理，成为区域和行业治理链条上的一环，从一开始就被明确为具体的目标愿景。

比如，由于移动互联网和大数据、人工智能的飞速发展，个人隐私保护日益成为全社会共同关切且迫在眉睫的话题，但企业规范和社会立法则相对滞后。南都个人信息保护研究中心一直致力于该领域的研究，与该行业主管部门、企业主体保持着深入的互动，致力于推动相关立法和行业标准制定。

事实上，在社会治理的各个领域，比如在线教育发展、直播平台监管、广东全民阅读条例制定、深圳基层社区治理矩阵建设，甚至广州村级工业园高质量发展指标设定以及某个区的创新载体扶持等具体行业和问题上，南都近年都在深度参与，践行共建共治，制定行业标准，推动社会进步。

平台共建类

这主要是指发挥媒体连接能力，搭建各类资源聚集和圈层运营平台，构建起平台生态，实现资源的深度连接和行业的共建共治共享。

共建平台有各种各样的形态，包括南都牵头组建各行业发展联盟，比如南都教育联盟、南都健康联盟、南都金融联盟等；也包括搭建虚拟的行业运营平台，比如，在2020年新冠疫情期间正式上线的南都云集市，就是一个依托媒体公信力而组建的交易平台。

事实证明，平台级的连接，可以带来平台级的效能。南都通过这些平台对行业进一步渗透，激发了行业以及自身的产能，为自身融入行业和产业，创造媒体融合转型的新物种，带来更大的想象空间。

第五节
新型能力的建设路径

盘点了家底，确定了方向，剩下要做的就是脚踏实地地行动。

南都人深知，这场转型之路，不是修修补补，不是小步快跑，不是增量改革，而是义无反顾，彻底转身，全员转型，让主力军真正全面挺进主战场。

这场史无前例的转型，从何开始？以何为抓手？如何分步推进呢？

对此，我们概括为“两化三优先”：“内容智库化、传播智能化”“移动优先、数据优先、用户优先”。

一、移动优先

2017年，南方报业传媒集团进一步明确了以“深度融合、全面转型”为发展路径，实施“移动优先、数据优先、用户优先”。

移动优先就是因应移动互联时代需求，积极占领移动传播制高点，打造具有龙头地位的骨干新型主流媒体。移动互联时代要求我们将过去那种有限的、固定的信息“入口”变为与形形色色的场景认知相符合的“多点触达”模式，对处于不同场景、不同需求的用户，提供基于场景认知和个性化需求的“伴随式服务”。

推动移动优先和传播智能化建设，离不开技术支撑。2020年，南都推动“三个优先”战略升级，组建了技术委员会，由报系总裁直接负责，目的就是进一步壮大技术实力，尤其是在以人工智能为核心的自主创新上取得进展突破。

在南都的实践过程中，“移动优先”具体体现在：生产流程移动化、内容产品移动化、平台阵地移动化。

生产流程移动化

2017年4月17日，对南都而言，是个重要的日子。

这一天，一年一度的南都新闻奖颁奖典礼隆重举行，一批新闻作品和采编人员迎来了年度高光时刻。南都管理层作了“重组·再造·融合”的演讲，全面阐述了南都移动优先的方向和路径，正式吹响了南都全面移动化的号角。

首先，正式宣布调整南都组织架构。打破旧有框架，组建全新的采编指挥中心，作为日常内容生产组织的发动机和最强大脑。采编指挥中心是一个类似“中央厨房”的组织，但并没有实体的物理空间。该中心由传统的采访和编辑部门整合而成，是编委会下设机构，是南都报网端内容生产的调度中心和传播枢纽，也是一个24小时全媒体编辑部。原有新闻部门，被调整为中心下的工作室。通过赋权，该中心打破了部门壁垒，实现了扁平操作，对全报社各内容生产团队都可以指挥调动、统筹协调。

采编指挥中心强化内容生产的创意、策动、制作、分发、传播营销、数据共享六大功能；强化各工作室的垂直深入作用，既有相应分工，更要因应需要动态融合，遇到重大策划、特殊节点，则完全打通，在指挥中心的调度下，按需快速组建相应团队完成任务。

这场改革引发的一个最直观的变化是：大量夜班编辑转为24小时全媒体编辑，工作阵地从报纸转向移动端，纯报纸编辑从近百人缩减为十几人；报纸版面压缩，出版时间大大提前，有报纸夜班编辑说“下班回家，我现在居然可以选择坐地铁了”。同时，南都“两微一端”（微信、微博、客户端）从产品形态到人员岗位，也得到空前的优化和赋能。

同时，研发推出南都采编指挥平台。从线索收集分发到采访、写稿、交稿、编审、签发，日常采编工作都在移动端上彻底完成，建立起了记者编辑24小时随时随地发稿的工作平台。

这次改革，让南都在生产方式上实现了与传统媒体的彻底挥别。现在来看，类似流程再造这样的工作，可能只是传统媒体转型的基本底线，根本不是生命线。但跨过这条底线很重要，否则就彻底错过了时代列车，更谈不上后续的深度改革了。

内容产品移动化

完成流程再造，只是移动优先的第一步。内容产品本身适应这个时代的阅读体验，才能真正与时代同行。所以，后续需要花更大力气解决的，是推动内容建设的充分移动化。

首先，从建制上向移动化生产大力倾斜。将服务于报纸的美术设计部，改造为可视化部，引导传统平面美编人员转型为交互设计师；组建创意互动部，培养和引进文案师、插画师、前端工程师等；组建视频部、音频部。同时，在考评机制上推进全员移动化。彻底改变固有考评方式，建立起以移动传播为中心的考评体系。

其次，在产品门类上充分移动化。一方面，推动条漫、长图、海报、魔画、H5、轻应用、视频、音频等移动产品成为内容生产的主流。同时，我们也明白，内容产品的移动化，改变的不仅仅是产品的形态，不是把原来供给报纸的内容直接搬到移动端，而是从生产理念、手法、形态上都彻底移动化，包括更原生态的互联网内容、更快捷的时效速度、更生动的话语方式、更精准的分发手段等。

目前，南都日均原创产品量300多条，全部是移动端产品，其中，音视频以及其他交互传播类产品约占了三分之一。要闻编辑部只是从稿库中挑选合适的稿件选用到报纸上进行二次生产传播。

平台阵地移动化

平台阵地没有移动化的融合转型，是无法想象的。有了移动化的阵地，才能推进传播智能化，更好构建传播闭环，落实数据优先和用户优先。南都主要从以下三个方面推进平台阵地的移动化：

首先，建设好自身移动端平台，这里包括南都的官方微博、微信、新闻客户端。南都家族的新成员“N视频”于2020年9月23日正式上线，这是一个致力于打造成视频版“广东发布”的全新APP，有力壮大丰富了南都的传播平台矩阵。

其次，充分用好各大第三方分发平台，在今日头条、抖音、快手、bilibili等移动互联网平台上，结合平台特点，广泛开设账号，鼓励主力军挺进主战场，做好舆论引导。

再次，鼓励用户圈层的移动化运营，通过记者、编辑、研究员的IP化、大V化运作，实现各种用户圈层的精准化、实时化互动，使南都的平台阵地渗透到互联网更加垂直细微的肌理中去。

事后回看，2017年开启的这场全面移动化的自我革新，让南都赶上了时代快车，20岁的南都，在媒体格局裂变、融合、转型、回归的多元态势中，以变革求新之大勇回应时代转型之大变，为接下来的数据化进阶打下了坚实基础。

二、数据优先

十九届中央政治局第二次集体学习，将实施国家大数据战略、加快建设数字中国作为主题，充分体现了中央对大数据工作的高度重视。

同时，习近平总书记在谈到媒体融合时也指出："媒体融合发展不仅仅是新闻单位的事，要把我们掌握的社会思想文化公共资源、社会治理大数据、政策制定权的制度优势转化为巩固壮大主流思想舆论的综合优势。"

由此观之，大数据不仅是一场技术和产业革命，也将带来国家治理的深刻变革、媒体融合的深刻变革。基于此，可以说"数据治国"时代开启，"智媒时代"来临。抢占大数据这个前沿，就是抢占新时代的"石油"和"金矿"。

南都融合转型的第二步，就是紧紧抓住"数据优先"。

时间进入2018年。这一年，恰逢戊戌，也是改革开放40周年。新年的空气中回荡着习近平总书记的新年贺词：逢山开路，遇水架桥，将改革进行到底！

时代背景结合自身禀赋，南都大数据研究院应运而生了。

这一天，是2018年2月8日，立春刚过。先民告诉我们：立春时节，东风解冻，蛰虫始振，鱼陟负冰。也就是说，最冷的时候过去了，冻土里面蛰虫要展翅，河道之中鱼儿在破冰。

极寒之中，阳气升腾。南都融合转型的第二波原力也在破土而出。接下来，南都要做的就是以大数据研究院为核心支点，推动南都实现全面的数据化转型。

如果说，传统媒体时代，我们的生产要素是文字和图片，移动化后我们多了音频、视频、H5、海报、动图等，数据优先的导向，则要求我们把数据作为核心要素，建立起媒体生产与智库生产相融合的数字化生产机制，建设数据驱动型的智能传播平台和传媒智库。

南方都市报的这一波改革，正是以大数据研究院为抓手，以“一切业务数据化、一切数据业务化”为目标，开发多形态数据产品，形成数据生产服务新模式，做大自身的数据资产，推动从数据新闻到数据产品、数据应用、数据产业的进阶。

建立数字化生产机制

2018年以来，南都持续推动的一项工作，就是加强数字化生产的顶层设计，以数据思维指导媒体生产，努力将每个环节都转变成为数据生产单元。

目前，南都已经建起了数据采集、存储、处理、加工、分析的技术模型，以确保数据标准的统一性，并在努力打通各业务单元数据库之间的连接通道。《南都智媒大数据平台管理及考核办法》出台，形成了智库课题数据信息编码操作守则，对内标准化汇聚及管理南都数据资产，实现交互响应，同时，为对外输出“数据预警服务”，包括测评查询、风险报警、竞品比较等功能，进行必要的积累。

建设数据服务中台

数据服务中台，是南都内部的数据资产管理平台、数据应用市场。截至2021年12月底，基于南都数据中台，共计构建了350多个数据模型，搭建了187个数据库，包括新闻数据库、行业数据库、用户数据库、专家数据库、监测数据库等类型，存量数据超80亿条，课题项目超过125个，相关的报告榜单产品548份，并有效推动了机器写作、数据可视化等新型报道方式的应用。

提高融合生产和智能传播效能

通过打通“用户、流程、数据”等，建设起策、采、编、审、发、评、馈的闭环机制，在信息分发、场景到达、用户接受等传播链条中强化大数据和智能算法的应用，以提高传播效能。

比如，借助物联网，让“一媒千面”有了可能。南都目前已经进军智能音箱和车机平台，接下来，会更大规模地推动音频、视频、数据产品、互动产品与具体场景的结合，推出更多沉浸式、体验式、互动式传播。同时，在此过程中，积累沉淀更多的数据资源，并再次反哺指导内容生产。

做强传媒智库

秉持“深度与广度并存、研究与传播并重”的理念，通过智慧转型实现媒体生产与智库生产的连接，将媒体服务领域由单纯的信息传播向思想挖掘、战略研判、方案供给、价值传递延伸，提升服务新能力，增创服务新价值。

在数据化方面，南都也在推动全员转型。有别于传统媒体的组织架构，南都除了在大数据研究院改造组建了数据研发部、创意互动中心、民调中心、数据项目运营部外，还组建了虚拟的课题中心。南都内容团队不再以传统的新闻部为单一划分标准，而是同时以课题中心形成若干个工作单元，比如：个人信息保护研究中心、营商环境研究中心、企业声誉研究中心、数字政府研究中心、基层治理研究中心、乡村振兴研究中心，以及专门针对特定区域治理建设成立的深圳智媒中心等。这些课题中心与新闻部打通，推动内容团队往深度垂直研究方面整体转型，为智库媒体建设提供了最坚强有力的支撑。

2018年底，南都举办首届智库产品发布周，在北京、广州、深圳三地密集发布研究成果，举办落地活动。同时，也对外公布了南都大数据研究院成立首年的成绩单：发布了近百份智库报告和评价榜单，入库数据超过10亿条，推进了数字化转型的基础设施建设。

南都的转型迅速引发了主管部门和各界的关心关注。2018年，上级主管部门把南都经验归结为三个方面：一是新闻生产和智库生产互相融合、互为促进；二是采取测评方法，以评促建，以评促改；三是推进数据应用，融入行业聚焦新业态。上级主管部门还表示，南都经验“在经济发展、公共治理和社会热点话题等方面发挥独特作用，有效提升了媒体服务能力和品牌影响，为传统媒体创新发展提供了一条参考路径”。

在上级主管部门的关心支持和社会各界的鼓励下，随后两年，南都数据化转型进一步发力。2021年，南都全年生产发布课题研究报告和测评榜单548份，举办智媒活动129场，覆盖到了社会生活和治理的诸多方面，助力个人信息保护、营商环境、数字政府、在线教育、直播平台监管等领域的治理完善。

可以说，数据型智库媒体已经初露峥嵘。

三、用户优先

相对于移动优先、数据优先，我们对用户优先的理解和认识也有一个过程：从一味追求公域流量，到追求私域“留量”，再到有意识谋划运营精域“鎏量”。也就是说，从一味追求高阅读量的爆款，转化为有意识沉淀积累聚合用户，以实现精准传播、有效互动、可控运营的有效闭环。

其实，用户优先就是时时处处事事把用户放在中心的互联网思维。在新的传播环境下，媒体必须更加坚持贴近群众、服务群众，走好全媒体时代的群众路线。

因应媒体的传播属性和服务属性，对于用户优先，我们理解为首先是要树立起传播效能意识和服务群众意识。

树立传播效能意识

2020年2月下旬，我国新冠肺炎疫情形势依然严峻复杂，防控处在最吃劲的关键阶段。2月23日，习近平总书记在统筹推进新冠肺炎疫情防控和经济社会发展部署工作会议上的讲话中，提到了当前要抓好的七项重点工作。其中之一，就是“提高新闻舆论工作有效性”，将其与打好疫情防控的武汉保卫战等工作相提并论，凸显了新闻舆论工作有效性的重大意义和价值。

2020年9月，中共中央办公厅、国务院办公厅印发了《关于加快推进媒体深度融合发展的意见》，也提到要坚持效果导向，增强服务意识，强化用户理念，引导网民由“感动”到“行动”。

如果说中国媒体融合发展的上半场，主题是传统媒体重构策采编发流程，在生产方式上搭上移动互联网的时代列车，那么下半场面临的一个重大命题，就是如何做好有效传播。在万物互联、人人都是记者的新传播格局下，人们面临的不是资讯匮乏，而是供给过剩；网络热点频发，“顶流”不断，但来得快，走得也快，泛资讯泛流量的价值在弱化，泛热点的新闻报道产生的价值越来越低。对媒体而言，“有爆款，没用户”的尴尬也越来越突出。

在这种格局下，可以判断，传播效能将成为媒体内容生产价值的下一个关键评估指标，也将成为媒体下阶段融合发展的重要方向。也就是说，除了浏览量，媒体内容价值更体现在其到底如何影响了哪些用户群体，产生了什么样的传播效能。

对于如何做好有效传播，习近平总书记早前就有过多次论述，强调“要适应分众化、差异化传播趋势”。对此，我们理解为，就是要对传播对象做深入的研究、分类，在此基础上，倒逼内容生产进行供给侧结构性改革。

围绕传播效能，南都从以下维度作出了探索：

第一，个性化生产：以用户需求为内容生产出发点。新闻传播规律告诉我们，不同的人群由于文化背景、兴趣爱好、职业领域等的区别，关注点往往千差万别。在前移动互联网时代，新闻媒体不具备规模化生产定制内容的条件。但是，在当今传播格局下，针对不同群体进行个性化内容生产供给，已经是一种必然趋势。也就是说，新闻生产必须增强对象意识，责任编辑决定所有读者阅读内容的时代一去不复返了，必须针对特定用户生产特定的内容。

《南方报业传媒集团高质量发展三年行动计划（2020—2022）》（简称《行动计划》）中明确提出，提高融合生产和智能传播效能，建立以分众化、差异化为特征的开放生产体系，把用户需求作为传播能力建设的着力点和落脚点，瞄准不同用户，统筹规划，全面推进内容生产的开放协同和融合质变，最大限度释放高质量内容的生产力和创造力。

在此思想指导下，南都在个性化生产方面作出了诸多尝试。首先，南都内部做的一项基础性工作，就是逐步完善用户数据库，借此实现对移动端用户群体进行分级分类分区管理。在此概念下，就能精准梳理出若干特定群体：校友群、家长群、地区群、作文群、街坊群等。以地区群为例，按照语言和风俗习惯，广东有广府、潮汕和客家等几大群体圈层。在此几大圈层下，各地市又都有自己的突出性格。俚语、小吃、风俗、地标，甚至只有当地人才能领会的细微的语气差别，构成了各自的文化基因，也形成了精细的用户圈层。

于是，致力于城市文化创意传播的南都“粤爱”系列产品就产生了。该系列产品，以条漫的形式，聚焦某个市、区、县，从衣食住行民俗，到城乡镇区风情，大事小情、特色话题通通囊括进来，打破社会刻板印象，提升特定地区的存在感，塑造其城市形象。

在此思路指导下，南都推出了《汕尾在哪里》等一系列“粤爱”条漫产品。通过该专题衍生出多个地区群，不少产品延展出打卡、调研等落地活动，以往看不见的读者变成了可知可感、积极互动的用户。

同样，针对校友群的“名校食堂”、针对牛娃养成交流群的“小升初答疑”等策划，都是针对特定群体的个性化内容定制，从而引发其共鸣，推动提升了传播效能。

个性化生产更进一步，就是开放式生产。开门办报，本就是党报的优良传统。新的传播格局下，以开放平台吸引广大用户参与新闻信息生产传播，成了媒体融合转型的一个必选项。走好全媒体时代的群众路线，就有必要建好全媒体时代的通联部、群工部，发展壮大通讯员、评论员队伍。

在这方面，南都也作出了自己的探索。比如，开发移动端产品“南都非虚构写作成长平台”，针对青少年群体组织推出不同主题的采访策划，让他们在采访写作中关注社会现实，传递主流价值观，推广典范中文写作。仅2020年，这个开放式的写作平台就为南都贡献了1.7亿的阅读量。目前，该平台已经拥有了近10万中小学生以及家长、老师用户。当然，该用户群也同时成为南都相关教育内容产品的精准分发渠道。

第二，精准化抵达：依托内容和资源打造自有分发渠道。这是传播效能的又一个重要指标。也就是说，要根据人口结构、区域分布、社会变化等特征，对目标用户进行群体细分、精准画像，制定分众化、差异化传播策略，实现精准定位、精准推送、精准传播。搭建用户运营模型，形成协同互补的细分化传播用户群体。

在这方面，南都除了引入借鉴移动互联网公司基于技术识别的机器分发外，更主要的是立足内容的强连接、资源的强对接，打造有自身特色的分发抵达手段、渠道和平台。比如，通过教育、健康、金融等行业联盟，连接起机构用户和大众用户；通过“云课堂”“云集市”虚拟平台等连接起精准的供需双方。在这些特定的平台和渠道中，供需状况相对明确，更易于实现内容的个性化生产和精准化抵达。

南都云集市，是2020年4月推出的新品牌，初衷是助力湖北疫后复工复产，随后发展成为一种常态性活动。其形式上是一种直播带货，但又与网红直播带货有明显不同。因为我们深知，主流媒体的优势不在C端（消费者、个人客户端）流量的转化。但对生产商、供应商、采购商和地方党委政府的有效连接，则是主流媒体的比较优势。我们希望能做到党政引导、媒体搭台、企业唱戏、百姓受益，一次性大批量地助力地方解决农产品销售问题，也就是致力于精准传播、有效动员，既要赚吆喝，又要赚效益。

事实证明，这种连接具有巨大的市场需求和生命力。南都云集市首场活动与湖北潜江市合作，南都记者深入潜江田间地头、车间市场，市委书记亲自上阵，生动推介，来自广东的采购商集中于视频另一端提问互动，海量网友围观造势并力所能及进行“吃”援。一场活动下来，为潜江市卖出6000吨小龙虾。此后，南都云集市发展为常态化栏目，2020年广交会期间一度连线非洲，助力珠三角企业克服疫情影响，带动海外销量。

未来，我们希望南都云集市不只是一个供需双方洽谈买卖合作的平台，更是一个供需之间、政府与企业之间交流意见、互通思想的高端平台，企业可以建言献策，政府可以广纳谏言，不仅助力产品销售，更能解决产品发展背后的系列深层次问题，反哺产业的循环发展。

南都品牌栏目《南都健康大讲堂》，也是秉持同样的理念，并不追求绝对的流量，而是以精准有效传播为目标，即是否影响到了该种疾病的患者或家属。以该节目做的自闭症专题为例，由于邀请到了该领域最知名的专家，再加上前期精准的宣推，本期节目吸引了1000多个自闭症孩子的家长观看。这是一个极其精准的用户群体。该栏目就是通过这种方式，实现了内容抵达的精准化，建立起一个又一个精准用户群，从而实现对用户进行精准运营。

第三，体验式传播：在应用场景中强化传播效果。对于提高传播效能，《关于加快推进媒体深度融合发展的意见》中，明确提出了要由单向式传播向互动式、服务式、场景式传播转变。

所以，要构建线上线下立体传播格局，用足传播空间，顺应“万物皆媒”趋势，以展馆、论坛、评选等项目运作为平台，将生产和传播能力引入线下，赋予更多实体空间以媒体内涵，增加媒体品牌的线下入口，构建“线上全媒体、线下多场景”的立体传播格局，拓宽主流媒体在线下场景中的体验式传播应用。

比如，在2020年抗击新冠疫情的报道中，南都推出了精品力作“最美逆行者”系列图片报道。对于这组照片，南都努力做到穷尽传播途径和手段，以争取传播效果最大化。

场景化传播。在广东省委宣传部指导下，在南方报业传媒集团部署下，2月17日，南方都市报联合广州市委宣传部共同推出广州全城为“最美逆行者”亮灯加油行动。随后，致敬亮灯行动迅速推广到广东21个地级以上市。全省共计推出1000多块LED屏礼赞英雄。在疫情防控最吃劲、社会情绪最压抑的时间点，这组照片展示出的前方医护人员的淡定、自信、从容、敬业，给全社会带来极大的感动和信心，被评价为：为打赢疫情防控阻击战、推进经济社会发展起到“强信心、暖人心、聚民心”的作用。

这次行动其实是打破了媒体固有的传播思路，在纸质版面、电脑端、手机端之外，找到了线下城市空间的场景传播方式，以“线上全媒体、线下多场景”的创新表达，实现了内容产品的多样化展示、多介质推送、多元化传播，成为体现主流价值观的现象级传播爆款。

互动式传播。在亮灯传播的同时，南都继续深耕线上产品，推出了一个名叫“疫·痕”的H5。产品初衷是全本记录驰援湖北的广东医疗队全体医护，通过记住他们的脸，记住这段历史。H5页面上，除了肖像照片，还增加了文字介绍、点赞互动、留言致敬、日记感言等互动功能，实现了后方用户与前线医护的实时连接。 这个产品的最大价值在于，为当时社会上表达对前方医护的关心致敬，找到了一个精准表达出口，用户可以把自己的关切慰问定点送达自己想找的医护人员主页上。

截至2020年4月14日，“疫·痕”H5更新医护人员2323人，上传医院261家，首页及医护个人页互动总量超1500万，留言2万条。

沉浸式传播。2020年2月底开始，南方都市报与广东省博物馆携手，联合向社会各界广泛征集相关抗疫见证物。8月4日，在广东省文化和旅游厅的指导下，广东省博物馆、南方都市报共同打造的“众志成城——致敬抗疫者”专题展正式开展。截至9月10日闭展，观展人数超3万人次，其中专门预约到场观展致敬的团体280余批次。

专题展的热度跟独具匠心的导览方式是分不开的。单向传播宣教性强、互动性弱，尤其是主旋律题材，更要讲求传播技巧。于是，南都广邀“展中人”走进展厅分享抗疫故事，医护人员、记者、社区保障人员……亲历者的讲述让展览一下“立体”起来，一度成为广东省内开展党建交流活动的热门阵地。

随后，南都又以专题展为依托，联合教育部门策划推出了“开学思政课”，联合组织部门推出了“微党课”。我们认为，这一系列活动，比较好地诠释了什么是沉浸式、体验式传播。这也正是南都在精准传播上的发力方向。

第四，社群化运营：推动信息用户向消费用户转化。是否与用户进行了有效互动，是衡量传播效能的一个高阶标准，也就是，要通过传播互动，让用户“由感动到行动”。正如前述《行动计划》中提到：优化用户体验，增强用户互动，满足用户个性化需求，建立基于强关系的高信任度、高黏度、高活跃度用户群体。建立会员积分系统，丰富会员产品形态，完善会员数据平台，挖掘会员潜在需求，探索会员付费模式，打造多层次会员服务体系。打造消费信息分发体系，建立消费评级和支付结算系统，提高信息用户向消费用户的转化率，形成价值传递、思想供给、场景消费的闭环。

这就要求主流媒体要从公域走向私域，从大众走向社群。

“湾姐朋友圈”是南都社群化运营的一个代表产品。“湾姐”是南都省情新闻部副主任黄海珊。基于她对粤港澳大湾区的钻研和积累，南都以她为IP打造了这款社群产品。“湾姐朋友圈”始建于2019年9月，现已成为关心大湾区发展的用户的一个紧密交流平台。

“湾姐朋友圈”会员画像调查显示，30—50岁人群占比为61%，月收入1万—5万元的比例为65%，5万元以上的为7.5%。他们关注的领域主要是大湾区的地产楼市、前沿科技、金融理财、文化产业等，希望获得的服务方向主要是政企服务和生活服务。

“湾姐”给会员提供的服务包括：本人牵头撰写的智库报告、主题分享会、“跟着湾姐去调研”线下活动等。

“跟着湾姐去调研”是2020年开始推出的线下活动。针对粤港澳大湾区最新发展动态和趋势，精心设计调研路线，带领会员去实地调研走访，使会员身临其境感受经济微观动态和区域活力，甚至发现商机。该活动一经推

南都社群运营类产品（规划/运营中）

课程开发类	**“湾姐”教你读文件** 依托南都湾区工作室主持人黄海珊个人IP，站在企业角度，对政府公文进行解读。 **街坊训练营** 与地方政法委合作，培育民间组织，推动协同共治。
全民测评类	通过技术赋能，将南都测评平台向社会公众开放，使公众可以更便利地参与到城市公共服务的评价中，打造南都版的协同共治平台。
全民鉴定类	围绕房屋、汽车、家居等各种与百姓生活息息相关的商品，推出南都全民鉴定团，号召全民参与产品鉴定。
私享行动类	打造私密定制分享活动，致力于知识分享、资源嫁接、引导新生活方式。
特色活动类	以特色活动链接特定群体，比如南都非虚构写作大赛和成长平台、南都云课堂等。
内参产品类	打造《舆情快报》和《调研参考》，精准服务党委政府。
好物营销类	与地方政府、电商平台、生产企业合作，推出南都优选、乐活探店、夜试等品牌，通过场景化传播，探索媒体电商之道。
基层治理应用类	立足微信运营群，结合基层治理不同领域，打造不同业务的精细群组等，为政府搭建系统的基层治理现代化的平台，让街道有深入居民身边的有益触角。

南都社群运营类产品（规划/运营中）

出，就在会员群赢得好评一片，报名火爆；同时，也深受地方政府和企业的欢迎。

“深圳云端看房团”，是另一个以粉丝筛选为核心竞争力的社群产品。通过内容吸引、社群讨论、在线报名等，实现从粉丝到潜在购房者的用户筛选闭环，形成了独特的带货产品形态。

从提供信息到提供服务，通过这些圈层运营，用户黏性进一步增加，内容价值也在不断提升，从而推动信息用户向消费用户转化。

2020年，南都全面开启了社群运营时代。通过优质产品内容精准定位不同圈层，推出了“湾姐朋友圈”高端会员群、南都读书俱乐部、职场新人类、乐活吃喝玩乐小分队、宅家体育课、牛娃养成交流群等各领域几十个垂直社群。

为进一步推动圈层运营，南都正在推动更多采编的“工作社交”。也就是说，把社交当作一项KPI（关键绩效指标）去考核。当然，这种社交不是过去意义的社会交际，而是通过自身平台建设，为记者、编辑、课题牵头人建立起其各自的社交生态，通过其作品、关注领域去连接影响相关群体，从而实现精准的圈层互动。

树立服务群众意识

如果说，以上内容还是基于媒体的信息传播属性来展开的话，用户优先的另一层意思则在于充分强化媒体的服务属性，壮大为用户、群众解决实际问题的能力。

一是使内容产品工具化，推动媒体功能从信息服务向工具服务提升。传统上，媒体提供的是信息服务。不过，移动互联网改变了媒体的底层逻辑，技术的普及给媒体功能转化提升提供了现实支撑，媒体具备了内容产品工具化转变的可能。

目前，对于民生服务内容，南都建立起了产品规范和生产机制，通过数据库建设，将原来的零散信息实现了成建制的工具化转化，使工具化产品成为固定的内容门类。比如，一站式查询热门学位地段的城市生活地图，紧扣家长的教育需求痛点，提供贴心、精准的服务。疫情期间推出的“小区疫情病例查询”H5，也是类似的实用工具。这些产品的特点就是把服务性放在第一位，起到了平台和用户之间的黏合剂作用。

二是使舆论监督具象化，履行好舆论监督这一媒体的重要职责。习近平总书记说：“人民群众什么方面感觉不幸福、不快乐、不满意，我们就在哪方面下功夫。”近年来，南都继续做大做强建设性舆论监督，并在此过程中注意强化用户意识，也就是聚焦基层治理中的具体问题，针对老百姓的操心事、烦心事、揪心事，不以曝光和吸引流量为目的，而是以解决问题为出发点，通过建设性舆论监督，架起治理主体与老百姓之间沟通对话的桥梁。

为此，南都开辟了几个舆论监督栏目——《周一见》《马上办》《记者帮》，在本地市民中有着广泛的影响力。这几个栏目的共同特点是以日拱一卒的精神，为老百姓解决掉操心事、烦心事、揪心事。而且，在实操过程中，不断创新监督模式，包括将舆论监督与对整改成效的表扬相结合，与地方检察机关联手推动公益诉讼等，有力推动了地方治理工作的提升。深圳市领导曾公开点赞：南方都市报将《马上办》与“口碑榜”相结合，通过多种方式评选年度最佳民生工作事项，对于进一步提升深圳民生工作质量和行政效率，提高民生工作的针对性和有效性，都是有益的推动。

同时，践行“共建、共治、共享”的理念，通过邀请投诉人参与调研、座谈、整改，推动其从报料投诉方转变为治理参与方，将矛盾冲突转化为协同共治的催化剂。在此过程中，南都进一步找到了用户，增强了与用户之间的黏性，在收获街坊口碑的同时，完成了春风化雨的舆论引导。

第六节
智慧转型的支点抓手

一家媒体的融合转型，不是一蹴而就的。对南都而言，也是根据实际情况，整合设置了一批全新机构，包括采编指挥中心、南都大数据研究院、深圳智媒中心、技术委员会等。这些虚拟或实体机构成为推动南都融合转型工作的具体支点和实际抓手。下面以南都大数据研究院和N视频客户端为代表予以介绍。

一、南都大数据研究院

南都大数据研究院，是南都向智库媒体转型的主要抓手和核心机构。

功能定位

以数据生产为核心，以数据挖掘分析技术为驱动，以行业标准制定为抓手，主动将自身纳入国家治理体系和治理能力现代化建设，努力成为区域和行业治理链条上的一环；打造成为中国最具传播力、引导力、影响力、公信力、研究力、服务力，且充分实现市场价值的数据型媒体智库；通过数据产品反哺传统内容生产、丰富内容门类，保持新闻影响力在高位运行；推动南都从单一产业向多元产业转型，最终实现深度融合、全面转型。

组织架构

研究院下设：数据研发部、创意互动部、可视化部、课题中心、民调中心、数据项目运营部。其中，课题中心是虚拟部门，南都采访中心记者团队的课题在经过遴选后，会纳入研究院课题中心进行统一运作管理。

人员队伍

研究院人员队伍构成主要分成几部分：

以南都原来的数据新闻工作室为班底，组建了数据研发部，主要负责数据新闻、产品、项目的研发规划制作；

民调中心由原来的呼叫中心改造而来，其功能从传统媒体时代的受理电话报料，升级为民意调查和数据采集；

还增加了大量的数据分析、技术、设计、运营人员，对南都而言，其头衔是史上从未有过的：研究员、数据编辑、数据采集员、民意调查员、数据分析师、前后端工程师、爬虫工程师、运维工程师、交互设计师、数据运营员等。

岗位序列

推翻传统纸媒时代的人力评价体系，建立起全新的考评体系和机制，重建人才序列，对固有单一的采编队伍进行重新调整，划分为采编、研究、产品、技术和设计五大序列。参照互联网公司，对不同序列岗位分别划分7个能力级别；推行一人一策考评，实施区间年薪。

对记者团队重新梳理，圈定20%的人全力负责公共新闻，致力于大众传播；剩下80%的人都编入不同课题组，新闻报道和行业研究并重，倒逼记者改变跑线方式，促进人员的转型提升。

从这些方面也看得出来，南都大数据研究院并非一个独立机构，而是一个与南都原有内容团队高度融通，又有一定引领性的部门。这也是与其他媒体智库相比最大的不同点：不是从母体中孵化出一个新的机构来做智库，而是全体采编就地转型，从传统记者编辑转为研究员。

产品形态

经过几年的运作，南都大数据研究院形成了八大产品形态：数据新闻、榜单评价、民意调查、咨询研究、鉴定评测、评估认证、数据库和轻应用。

以榜单评价为例，目前已经成为南都内容生产的常态。比如，2018年6月，南都大数据研究院联合美国国际数据集团（IDG）在中国创交会上发布首届中国孵化器50强榜单，成功举办孵化器创新论坛。南都大数据研究院成为首个登陆中国创交会的媒体智库。在活动现场，全国政协和广东省相关领导给予高度认可，充分肯定南都发挥媒体智库作用，助推创新创业的实践探索。

生产模式

不同课题项目在推进过程中形成了各具特色的研究方法、生产经验和运作模式。从驱动来源的角度，我们归纳为以下九种类型：治理驱动、新闻驱动、数据驱动、调研驱动、行业驱动、评价驱动、技术驱动、合作驱动和产业驱动。

"广州城市治理榜"就是治理驱动类的代表产品。这是南都针对广州地区推出的一个城市治理类的媒体智库产品。从2013年开始，南都通过大数据分析，对广州城市治理展开持续的观察、测评，并形成年度榜单。随后，产品形态日益丰富，目前包括：评价榜单、线下活动、垂直研究、参与共建、组建联盟平台等。为地方党委政府提供工作督办指南、决策参考，并与其他智库团体、行业组织联合，组建城市治理研究联盟，以第三方身份直接参与到区域治理中去。目前，已经成为广州地区极具影响力的媒体智库产品。2019年，获得北京大学城市治理研究院发起的首届中国城市治理创新奖。

生产机制

南都大数据研究院成立之初，就提出了新闻与智库是南都的"车之双轮、鸟之双翼"，相辅相成，缺一不可。事实上，经过几年的运作，我们也发现，智库生产不仅没有耽误新闻生产，反而促进选题发掘，进一步提升了新闻影响力，在媒体格局中实现了差异化竞争。这有赖于研究院内部构建起来的新闻和智库生产之间的融合机制、协作机制、反哺机制。

比如，新业态法治研究中心持续发布了《搜索引擎医疗广告测评报告》《网络黑灰产治理研究报告》。这些课题项目触及的是具有全民热度的话题，其研究成果也是重磅新闻，所以，在新闻传播方面也获得巨大反响，引起中央媒体的关注和转载。

其实，从2016年南都独家调查"700元买到同事全部个人信息"开始，南都在个人隐私保护以及互联网黑灰产业领域就形成了新闻和研究互相促进的模式。目前，新闻和智库生产之间的这种良性运转机制已日臻成熟。

二、N视频客户端

N视频客户端是在广东省委宣传部指导下、南方报业传媒集团重点打造、南方都市报负责运营的新锐媒体平台，是覆盖年轻用户的新型舆论阵地。

功能定位

N视频客户端是南方报业推动媒体融合向纵深发展的重大项目，是集团新型主流平台“双子”战略成员，定位为“视频版广东发布”，以年轻人为目标受众，通过年轻化表达、年轻态呈现，打造新型年轻人社交圈。

N视频客户端自2020年9月23日上线以来，以新闻精品优品不断刷屏，传播力、影响力不断提升，视频化政务发布功能和社会服务功能显著提升，在粤港澳大湾区传播工程中发挥了独特的作用，成为构建粤港澳大湾区舆论新生态的重要力量。

组织架构

依据自身发展目标，目前N视频客户端下设品牌运营部、视频产品部、直播产品部、深度调查部、编辑策划部五个部门，分工明确又协同一致，发力原创内容生产和平台建设，以理顺生产关系，提高生产效率，提高平台品牌显示度和影响力，努力打造中国一流短视频平台。

人员队伍

N视频客户端现已组建起近100人的专业团队，包含创意策划、拍摄制作、融媒运营人员等专业人才。

品牌运营部，承担提高N视频品牌影响力服务之职责，既负责策划和执行各类平台运营活动，也对接外部号和报社内部其他部门视频号进驻和内容生产，推动平台拉新和打造品牌影响力。视频产品部，是原创产品制作引擎，下设视频编导、视频记者、摄影记者、视频剪辑、商业编导、动画师等专业岗位，负责几大核心板块以及优质栏目和商业支持等原创内容生产和服务，满足平台新的生产需求。直播产品部，以富有青春活力的出镜主播团为核心，量身打造各类年轻态、青春态直播产品。深度调查部，以深度记者为主，主要生产国内热点和深度调查等新闻产品。编辑策划部，是原创内容生产的“大脑”，设策划编辑、运营编辑等岗位，为整个平台原创内容生产提供策划和文案等智力支撑，对原创内容进行包装和推介，致力于让优质原创最大限度抵达受众。

岗位序列

因应南都“全员视频化”融媒发展目标，N视频客户端打破传统纸媒时代的人力评价体系，紧跟南都融媒体转型步伐，建立起全新的考评体系和机制，重建人才序列，对固有单一的采编队伍进行重新调整，划分采编、产品、研究、运营四大序列。参照互联网公司，对不同序列岗位分别划分7个能力级别；推行一人一策考评，实施区间年薪。

除了以上四大序列岗位，N视频客户端还和南方新媒体科技有限公司的数十人技术团队（下设产品经理、客户端、前端、后端、设计师等岗位）直接对接，紧密协作，不断推动产品技术升级，优化用户体验。

产品形态

N视频客户端上线一年多以来，优质原创产品全线升级，现已建构起“大美湾区、i广东、港澳传真、民生热点、N言N语、直播产品、创意视频”七大核心内容板块，形成多层次多圈层的原创内容矩阵，日均生产原创视频约80条，日均播放量超过3000万，优质原创视频多次被人民日报、新华社、央视等央媒转载，登上微博、今日头条等各大平台热搜榜1000多次。

如大美湾区板块，不仅上线大美湾区频道，还推出纪录片“心之所向in广东”系列，用宏观鸟瞰与微观关注相结合的影像语言，全方位、立体化聚焦大湾区。如港澳传真板块，推出“爱国者治港原则”系列访谈、“湾区青年日记”系列，在港澳地区引起强烈反响。如创意视频板块，联合广东省农业农村厅，发起“说唱大湾区”创作大赛，让年轻人体会到湾区之美。

生产模式

N视频客户端内容生产模式主要分为自主策划、跨部门合作、活动带动和用户生成。

自主策划，N视频客户端自上线以来不断创新短视频外宣玩法，讲好中国故事。其中“外国人遇上中国年”系列以在粤外国人的生活为切入点，展现他们眼中的新春佳节。“满载世界的目光　开往湖北的春天”系列邀请9名在粤外籍友人，乘高铁前往武汉，登黄鹤楼、访东湖、探省博，零距离体验荆楚文化，感受新生的湖北。

跨部门合作，N视频客户端联合南都其他部门，强强联手，立足广东，辐射全国，积极融入时代发展，展现湾区活力。“坐着高铁看中国”系列全景式展示了“十三五”规划成就和中国之美。“时代精神耀香江”系列则集中展示我国几代科技工作者爱国奉献、求实创新、协同育人的英雄群像，激励青年学子树立星辰大海的科学梦想和自立自强的科技自信。

活动和新闻亦可互相成就。比如2021年9月首届粤港澳大湾区购物节，南都和N视频客户端发起“湾众一心　罩靓未来——我为大湾区代言口罩接力”，接力活动引爆话题，过万网友在线参与，掀起一波朋友圈刷屏。

用户生成，是N视频客户端作为平台建设的主攻方向。通过邀请各级各类政府机关、县级融媒体中心、社会组织和团体来平台共同生产内容，让平台内容生态更具互动性和开放性。

生产机制

N视频客户端是新锐媒体平台。客户端的发展，产品是内容，技术是底层，而平台所做的一切都是为了服务用户。N视频客户端的生产机制，围绕内容生产、技术升级和品牌运营三个维度来展开。

在内容生产方面，通过组建专业团队，培养新媒体复合型人才，突出视频化表达。明确“无视频不传播”的内容生产理念，树立“随时拍、立刻剪”的视频生产意识。

在技术升级方面，通过技术会议研判产品迭代和优化策略，通过“算法＋编辑精选”方式让稿件推荐更加精准，通过轮播、专题、栏目实现全频道覆盖，通过重构底层逻辑提升程序运行效率，通过标签管理实现稿件智能归类。

在品牌运营方面，玩转活动运营，扩大品牌影响。例如，“童颂同悦·好家风”短视频及作文大赛，视频赛道获得1.3万条投稿，作文赛道1万人次报名，实现了有效圈层，后续活动还延展出了好家风春节融媒策划，为市民免费拍摄全家福。

第七节 转型探索的阶段收获

这几年，南都在继承传统又挣脱束缚后，逐渐发现一个新世界，并试图把这个新世界命名为数据型智库媒体。在进行阶段性总结时，我们把探索收获概括为九大方面：

转换生产方式： 通过流程再造，彻底完成基本生产方式的自我改造，与传统纸媒挥别，搭上了移动互联的时代快车。

错位内容供给： 通过抬高内容生产的门槛，丰富了传统媒体的内容门类，构建起与同行之间的内容供应差异性，重新定义自己的内容特色。

参与社会治理： 通过智媒转型，躬身入局，参与治理，换一种方式承担媒体的社会责任和国家使命。

完成技术基建： 成立技术委员会，组建专业技术团队，基本完成了纸媒向智媒转型的基础设施搭建。

重新连接用户： 通过组建教育、金融、健康等六大联盟，深度介入行业治理，并初步建立会员体系，实现了用户的重新连接和精准运营。

创新经营业态： 新产品、新模式带来了新服务能力，南都营收正逐渐摆脱对传统的广告的依赖，形成新的经营业态，数据收入和新媒体服务收入大幅度上升。

重构团队人力： 一大批深耕专业领域、经验丰富的记者编辑正在成为研究员、产品经理，新的人才梯队正在形成。

社会影响正向： 南都转型得到了政、学、商以及社会大众层面的积极评价。核心产品“广州城市治理榜”荣获首届中国城市治理创新奖。

经营业绩回升：从2018年起，南都经营业绩持续增长，2020年盈利水平接近历史最好时期，2021年经营生产持续向好。

当然，南都智媒转型依然面临不少问题，人才、技术、资源、品牌、机制等方面支撑不足，造成一系列的障碍、束缚，使南都还不能充分释放自我。报社内部各板块之间发展不平衡问题也迫在眉睫，亟待解决。尤其是，面对日新月异的信息技术革命，面对越来越专业的用户，关键核心技术的自主创新面临巨大挑战，专业生产能力、精准服务水平也面临更加严苛的考验。

对此，南都人有清醒的认识和充分的心理准备。“改革永远在路上，改革之路无坦途。”南都管理层曾多次说：“这一轮综合改革，啃的是硬骨头，闯的是深水区，难的是利益调整。只有刀刃向内，系统改革，整体创新，进一步改革原有组织架构、生产流程、薪酬考核体系等，充分释放生产力，我们才可能提升组织的生产效率、效益、效能，重塑新产品、新服务、新能力，加快南都‘智媒’转型。”

让人欣慰的是，在这场艰难转型的历程中，当陈旧的机制被打破，技术的赋能在跟上，南都人二度创业精神被激发出来了，包裹在南都内核里的精神与原力在苏醒和壮大。在2020年初的内部年度总结表彰大会上，面对又一个崭新的十年，南都人这样向新时代喊话：

头上有天，脚下有泥，心中有数，眼里有光！

本章主笔：王海军（南方都市报副总编辑）

第三章

技术赋能：智媒转型插上翅膀

第一节　技术发展带来的问题，技术才能解决

第二节　应势而变，谋划技术发展战略

第三节　多管齐下，技术全面赋能实践

本章看点

- 技术发展为传媒行业带来的问题，也只有技术才能解决。随着技术的进步，媒体产业正在从轻数据资产的文化创意产业转型为重数据资产的数据产业。

- （媒体的）技术板块不单纯是成本中心，而是能为业务带来增量的价值中心，能直接产生效益的利润中心。

- 技术不是“炫技”，不能贪大求全，不能盲目追求豪华配置，技术产品和服务要做到经济实用、好用、管用。

- 技术不只是技术部门的事，全员都必须具备技术素养，这是转型的前提，再高大上的技术系统都不能替代转型最重要的要素——“人”。

- 技术团队对报社业务的赋能目标就是要让技术的阳光普照每一寸土地，为南都的每一节车厢都装上引擎。

第一节
技术发展带来的问题，技术才能解决

2020年9月，中共中央办公厅、国务院办公厅印发的《关于加快推进媒体深度融合发展的意见》明确指出，要以先进技术引领驱动融合发展，用好5G、大数据、云计算、物联网、区块链、人工智能等信息技术革命成果，加强新技术在新闻传播领域的前瞻性研究和应用，推动关键核心技术自主创新。

一、媒体融合转型要善用技术的力量

当传统媒体，尤其是纸媒不再拥有渠道优势，首先失去的是读者，然后是客户，最后就是报纸本身。技术发展为传媒行业带来的问题，也只有技术才能解决。随着技术的进步，媒体产业正在从轻数据资产的文化创意产业转型为重数据资产的数据产业。围绕整个转型的过程，技术都是避不开的话题，要成功必须学会善用技术的力量，国内外成功转型的媒体，莫不如此。

信息技术和智能技术的发展成为推动媒体融合与创新的关键力量，为媒体融合提供了更广阔的发展空间与全新机遇，国内多家媒体都根据自身特点作出了尝试。人民日报创立的“中央厨房”模式，不但成为人民日报媒体融合工作的战略引擎和重要支柱，还为其他媒体提供了媒体融合模式的参考和借鉴。新华社自主研发了中国第一个媒体人工智能平台“媒体大脑”，并推出“MAGIC短视频智能生产平台”，在国内首次推出并应用了

25款媒体“机器人”，已经成为中国最大的媒体“机器人”生产商和服务商。中央广播电视总台相继成立央视频融媒体公司、视听新媒体中心、5G+4K+AI”媒体应用实验室，央视频客户端正式上线后，中央广播电视总台借此成为国内第一家建设5G智能化媒体中台的主流媒体。浙报集团设有数据业务中心、产品研发中心、新媒体运营中心、数字采编中心和信息技术中心五大中心，不断强化互联网技术方面的产品研发和运营能力。上海报业连续打造澎湃和界面两大现象级新媒体，界面通过与蓝鲸·财联社合并形成“界面·财联社”，打造集“媒体+资讯+数据+服务+交易”五位于一体的中国版彭博。南方报业传媒集团通过内容一体化生产、技术一体化支撑、经营一体化统筹融合发展，打造具有竞争力的新型主流媒体，做强党媒宣传平台、立体传播平台和数据服务平台。2018年2月，南方都市报成立大数据研究院，正式宣示并实践南都特色的智媒转型道路。

二、技术带来全新的传播运营模式

提起技术在媒体融合转型中的作用，经常说起的是技术支撑、技术驱动甚至技术引领。媒体之本是内容，技术赋能是现阶段相对贴切的表述，技术对采编、智库研究、经营、职能等各个业务板块的赋能，能够带来全新的媒体传播和运营模式。技术板块也不单纯是成本中心，而是能为业务带来增量的价值中心，能直接产生效益的利润中心。

要真正实现技术赋能，意味着技术团队不只是单纯某个项目或产品的配合执行者，而是站在更宏观、更全局的角度去理解报社的战略意图，制定可持续发展的技术战略，打造基础技术平台和数据平台，在此基础上建设适用的应用平台，并为业务提供可持续的、高效的技术服务。

三、顶层制度设计确保实现技术驱动

南都完善了顶层制度设计，专门成立了党委领导下的技术委员会，作为报社技术工作决策议事机构，并且在报社历史上首次设立了首席技术官（CTO）这一职务。

技术委员会的成员包括了报社全部党委委员、部分编委以及跟技术密切相关部门的负责同志，负责制定报社可持续发展的技术战略，确定技术路径和研发方向，统筹规划产品需求及技术实现，统一技术序列人员管理，对报社技术发展和投资方案等重大事项进行决策咨询、调研和论证，对具体技术立项报告进行审核并提出建议。

产品技术中心作为技术委员会下设的负责报社产品规划、技术研发、系统架构的执行机构，为推动南都生产流程变革，从纸媒向智媒转型，提供技术支撑。

第二节
应势而变，谋划技术发展战略

2005年，南方都市报敏锐地意识到互联网大潮的来临，通过收购深圳热线拿到了互联网新闻信息服务许可证。随着2006年奥一网的正式上线，南方报业传媒集团拥有了两家具备新闻登载资质的网站（南方网和奥一网），而当时整个广东省此类网站只有8家，分别是南方网、金羊网、大洋网、深圳新闻网、21CN、广州视窗、奥一网和腾讯网。2007年，南都数字报上线，同步推出的电子杂志引来各方围观。2009年，南都率先提出全媒体转型，并上线国内媒体首批iPhone应用。2010年，南都提出建设南都全媒体集群构想，并上线国内媒体首批iPad应用。

从2012年开始，报纸主业遭遇寒冬。2018年，南都果断转型，成立南都大数据研究院，把“内容智库化、传播智能化”作为转型方向。成立自己的产品技术团队迫在眉睫。

第一，必须从体制机制上解决“技术”这一媒体融合转型发展最大的短板。一直以来，技术部门在媒体行业比较边缘，很多时候都隶属于职能部门，从事的也仅仅是桌面运维、账号管理、设备管理等基础工作。

第二，必须制定报社的中长期技术发展战略。媒体深度融合发展，内容是根本，技术是支撑。南都技术战略就是要通过技术引擎驱动南都“做中国一流智库媒体”。与此同时，技术团队通过服务南都进而完成技术产品标准化、模式商业化，并通过服务外部市场形成核心竞争力。

第三，必须夯实技术底盘和强化业务支撑两条腿走路。要实现后台

“颗粒归仓”、中台“授之以渔”、前台“业务赋能”的技术支撑模型，为南都转型提供持续的动力输出。

在此背景下，南都成立了技术委员会和产品技术中心，着手思考并解决南都发展的现实问题——数字化生存。

一、数字化生存

报纸会泛黄，但数据永生。很有可能在不久的将来，“报纸”只会存在于人们的记忆中，但内容产品却会在互联网上永久留存。

南都意识到，技术只支撑业务是不够的，必须夯实技术底盘，必须学会两条腿走路。南都要建设自己的数据仓库，要全面上云，要建数据中台为业务板块赋能。要实现“数字化生存”，首先就需要全面“数字化”。启动南都全面数字化工作，第一步就把创刊以来的报纸全部数字化。除了报纸的数字化，还要建图片库、视频库、音频库、课题数据库、用户数据库、人力资源库、客户关系库……等这一切完成以后，就成就了一件最有价值的事，可以留给未来“不灭”的东西。

与此同时，南都也开始考虑搭建技术大厦的框架——南都融媒云。

二、技术的蓝图

技术框架相当于我们的建筑图纸。南都的技术架构的规划，既要突出南都的比较优势，又要服务报社“三个优先”战略；既要脚踏实地，保证逻辑性、合理性和灵活性，又要仰望星空，兼顾未来的发展，同时还要让决策者看得懂，能理解。

南都技术团队花了一个多月时间反复琢磨，规划出了南都融媒云的基础架构，还取了一个很好听的名字“Panther”，即“黑豹”的意思，就是希望这个基础架构快、准、狠！从物理层、基础服务、能力超市、服务平台、应用服务和媒体矩阵六层结构，系统梳理了从基础服务到具体产品的技术模块。

这个架构图，借鉴了互联网主流的系统架构，又有鲜明的媒体特色。最上面的媒体矩阵和应用服务，是面向用户提供的服务。中间的服务平台部分，面向的是媒体从业者，包括采编、行政和经营人员。能力超市的中台部分、基础服务和物理层，则是面向产品研发团队。每个层次的分割线都非常清晰、直观。从上至下是一个业务的需求逻辑，从下至上是技术的支撑逻辑。每一层的区分上面，既有已有的东西，也有没有的东西，还有未来想做的东西。

在这个架构里，特别提到了物联网和国产操作系统，它们是未来要发力的一个方向。目前5G已经商用了，物联网一定会是一个风口， 但这个风口怎么和媒体的优势结合呢？媒体有图文，有音频，有视频，有数据，现阶段都集合在移动互联网上去寻找出口。这个出口现在有个很大的问题，就是很乱很杂，很难触及真实的用户。而物联网可以在这方面做得更直接一些，比如一个智能音箱，可以把音频产品在这个出口进行分发，针对性地根据用户进行定制。同时物联网还有一个突破口， 就是汽车应用里面的车机，现在车机已经成为很大的媒体平台，司机或多或少会在上面观看或收听新闻资讯。现在媒体在这方面并没有太多考虑，而南都的规划就是把南都音频、视频和数据产品结合车机应用进行适配，来饮这个行业的“头啖汤”。

还有就是国产操作系统。最近几年操作系统国产化趋势越来越明显，而且也已经有了成熟的国产操作系统，比如服务器的版本华为欧拉、移动操作系统华为鸿蒙，以及用户操作系统深度（deepin）。中美贸易争端之后，美国对知识产权的垄断加速了操作系统国产化的进程。或许几年以后，操作系统就会全面国产化。如果一定会发生，就应该早做准备，早作战略部署。

在南都融媒云架构的基础上，南都明确了八大重点技术项目，分别是：1个基础服务，“安全＋云服务”；1个能力超市，数据中台；3个平台服务，内容智创平台、数据服务平台、机器写作平台；3个产品服务，南都客户端、N视频客户端和奥一网。其中的重中之重，就是数据中台和智创平台。可以说这两个平台，就是南都的技术主线，是南都技术驱动最为重要的底盘和引擎。

同时，南都也在考虑技术团队、技术工作在媒体生态中的生存空间和游戏规则，我们需要立规矩，需要明确技术工作的原则。

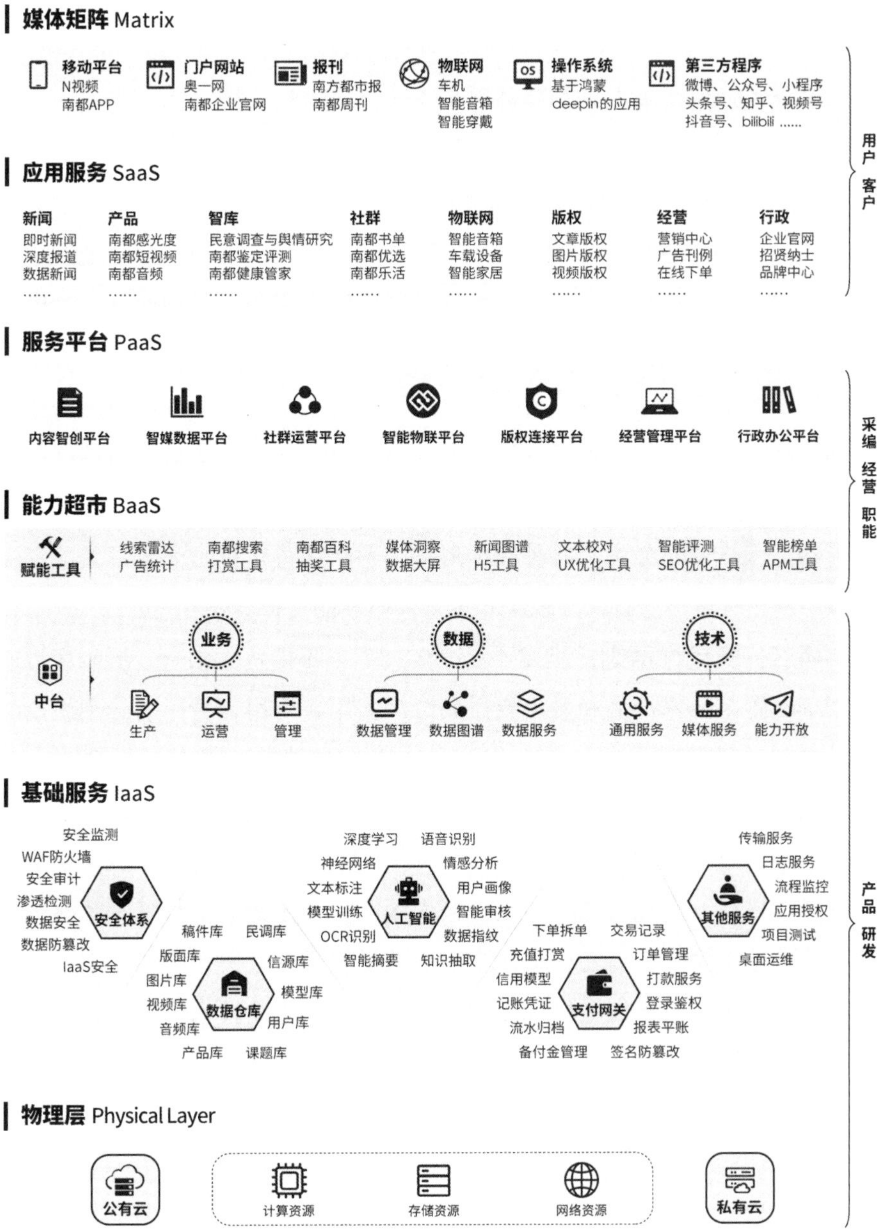

南都Panther融媒云架构图

三、技术十原则

现阶段媒体技术产品和服务很难直接面对市场，更多的是为媒体业务赋能。为了改变以往技术被动接单模式，真正让技术工作主动出击、有的放矢，南都制定了技术工作十大原则：

第一，易用性原则。技术是让工作更简单而不是更复杂，不能解决了一个问题而卷进来更多的问题，也就是说开发出来的工具和产品要易用、好用。要做最懂媒体的技术团队，开发出来的东西好不好用就是一个最好的评判标准。以前，南都也会采购一些现成的系统，最后发现虽然这些系统都能够通过验收，需求书上该有的功能都有了，但只能说是虽然能用，但不好用。要实现易用性，对媒体的理解显得非常重要，比如要开发内容编辑器，就需要充分考虑各种媒体形态、各个业务角色，如果只关注图文内容，那么有可能对音频、视频和多媒体内容的支撑就不到位。

第二，实用性原则。技术不是“炫技”，不能贪大求全，不能盲目追求豪华配置，技术产品和服务要做到经济实用、好用、管用，必须经过深思熟虑。“拍脑袋”的产品，很容易走上两条路，一条是过于理想化以至于没有办法找到技术解决方案，一条是严重脱离实际的闭门造车。

第三，决策性原则。技术团队不是项目阶段性的执行者，而是全程参与者。以前，在项目的流程上，技术团队往往是最后执行阶段才参与进来。缺乏技术团队的专业评估，项目的效果很容易打折扣。很多产品往往做是做出来了，却不能更好地运营起来。因此，产品技术团队在相关项目里要有很大的决策权。

第四，平衡性原则。长期效益和短期效率、部门与部门之间总是存在冲突，需要找到平衡。比如媒体资源数据库、数据中台，本身是基础项目，需要长期连续性的投入，并且短期内看不到效益，但的确是非常必需的。再比如做客户端，往往容易只做加法，很少做减法，结果就是客户端越做越杂，越做越重。各部门都想在客户端抢占一个位置，啥都想放进来，所以东西就越来越多，反而失去了焦点。

第五，公共性原则。这里指的是数据的公共性，数据资产不是部门或个人的私有财产，是报社的公有财产。但很多时候，却很难把存在个人电脑里的东西放进公共池。比如报社的摄影作品，很长一段时间都存放在记者个人的电脑里，建图片数据库的时候，发现要找回这些数据相当困难。

第六，自主性原则。核心技术产品必须坚持自主研发，报社要加强技术自主创新的机构、人员、经费和政策保障，抢占全媒体时代的技术高地。比如数据中台和智创平台，就是报社的核心资产，就是南都的技术主线，就是南都的技术压舱石，必须走自力更生的道路。同时，坚持开门强技术，与高等学校、科研院所、科技公司加强合作，推动成果转化，补齐技术短板。还要善于利用现有成熟的科技成果，加强媒体应用场景的转化。比如在2020年9月，深圳经济特区建立40周年之际，南都采用最新腾讯人脸融合技术，选取腾讯、华为、比亚迪、大疆等一批行业龙头企业的代表人物，绘制成动漫形象。用户通过上传本人正面照片，和这些知名企业代表人物“同框”，和企业大佬们一起，记录这个“荣耀时光”，做出一个全民互动产品。此互动产品一经推出，就获得广泛转发，短短两天，有84万人参与，产生十分火热的粉丝互动。

第七，局限性原则。技术不是万能的，有时候过于依赖技术反而适得其反。以人工智能领域的机器写作为例，目前写稿机器人仅能做到将一个基本的新闻事实描述清楚，深度、调查类报道还必须依赖记者完成。创作型人工智能的优势是执行一些简单、重复性的创作输出，人类可以集中精力聚焦一些更富创造性的智力劳动，构建一种和谐的分工协作关系。再比如，产品经理和工程师也不是万能的，有时候需求部门会用一个非常模糊的需求，让产品经理去帮忙完成技术实现，殊不知一个人对各行业的了解有限，也很难给出一些很好的建议。

第八，全员性原则。技术不只是技术部门的事，全员都必须具备技术素养，这是转型的前提，再高大上的技术系统都不能替代转型最重要的要素——“人”。编辑、记者要学会简单的音视频剪辑、制图、排版工具的使用，智库研究员要学会数据清洗、处理、可视化等工具的使用。报社要组织常态化的技术赋能培训，除了宣讲技术产品以外，也要做一些工具使用方面的培训。

第九，周期性原则。要坚持工程化思想，对项目做全周期管理，要有头有尾。技术产品往往研发周期比较长，不能头脑发热。谁负责？要做什么？怎么做？预算是多少？用户在哪里？市场在哪里？客户在哪里？如何运营？盈利模式在哪里？有没有突出自身优势？……每个项目都要有始有终，要立项，还要复盘。

第十，发展性原则。技术不止步，没有一劳永逸的解决方案。以编程语言为例，目前市面上流行的高级编程语言有C语言、PHP、Python、Java等10多种，而且在不断产生新的编程语言。前几年PHP比较主流，最近几年风头逐渐被Java盖过。因此，技术开发团队的人员结构和知识结构也需要不断调整，这就是一个不断适应、不断发展的过程。

四、媒体工程师

立了规矩，也要明晰技术团队的角色定位。既然要技术前置，技术人员就不单纯是做技术了，要做一流的媒体工程师。

互联网时代，所有的信息都是存储在计算机的“0”和“1”里面。技术人员有相当大的“权力”，因此对工程师的思想政治教育极为重要。媒体工程师既要为报社带来工程师文化、极客氛围和技术思维，同时也须要深刻理解党的宣传纪律，理解国家的大政方针，理解媒体的责任，也就是说媒体工程师也要讲政治。

好在南都的技术团队拥有丰富的媒体运营经验和合理的团队知识结构，既有在媒体领域深耕多年的新闻人转型而来的产品经理，也有计算机背景的理工男，还有数学和统计学的大数据专家。

首席架构师谢铨，曾经在南都做了10年的研发工程师，2015年离职后，担任过大型民企的技术总监，也创业当过老板。当报社找到他，希望他重回报社的时候，一开始他很犹豫，担心媒体还像以前一样，对技术人员是“临时工式”的使用。经过充分介绍媒体深度融合转型发展的时代背景和“媒体工程师”愿景之后，他欣然允诺回归报社“再创业”。

研发总监林晓敏，大学读的是新闻专业，但是对代码一往情深，硬是通过自学，完成了跨学科的转型，成了一名出色的研发工程师。

作为媒体工程师，要懂得把报社的转型需求转化为转型动力，要通过技术赋能去实现。内容是根本，技术是支撑。技术如何支撑，如何赋能？关键在于如何围绕南都媒体融合转型的主业高效地开展工作。

五、亲密无间群

为了更高效服务于媒体主业，技术团队设立了专门的部门来对接报社所有业务的需求，并规范了技术协作流程。依照“小事灵活、大事规范”的原则，技术团队和业务部门建立了几十个“亲密无间群”，小事随时沟通解决，重大项目安排专人专职负责跟进，明确了服务周期管理，对产品和服务的全流程进行监控、跟踪和评估。最重要的是，南都明确了技术团队的服务要求，就是“用甲方的心态做需求，用乙方的姿态做服务”。这个要求硬生生地把两个矛盾体加载到了同一群人身上，要做到相当不容易。

“小事灵活”是指技术中心与采编部门合作时的特点，灵活主动，快速试错。无论是从采编还是从技术发起，只要觉得这个角度有新闻价值，符合南都的气质，体现南都价值，就马上开干，火力全开。再根据用户的反馈，通过版本迭代修正原始版本的不足。

只有真正做到了亲密无间，才能“小事灵活”，高效产出。

但是，如果只有灵活也是不行的。除了会面临优先级困境，还会出现“只顾埋头拉车，没有抬头看路”的情况。更麻烦的是，会导致核心项目的研发缺乏工程化思考和决策，浪费人力、财力、物力。

技术团队曾经研发过一个采编系统，该项目前前后后跨度超过三年。这三年来，需求更改、新增功能、修修补补的情况很多，这就是源于最早项目启动时，没有严格按照规范实施，需求确认、技术选型、项目跟踪等没做到最优。为此，技术团队作了纠正，提出了更为合理的协作流程，这就是“大事规范”。

长期以来，技术团队和采编部门通过深度融合、亲密无间的合作，整理出一套与媒体接地气又相对规范化、标准化的融媒体发布方案和协作流程，从项目立项到审议、实施、运营、效果跟踪，直至项目结束，产品技术中心都贯穿其中，既要当高效的执行者，也要参与到决策中来。这不仅为南都内部赋能，提供长期稳定的采编工作流，现在这种规范本身还成为一种财富，一种能力开放，可以说规范变现、标准变现。

六、精细化管理

2017年，时任中共中央党校文史教研部高级经济师郭全中在《中国传媒科技》发表文章，提到媒体转型之痛在于：重采编，轻经营，无管理，无技术；重一次外包，轻迭代；重传统IT技术，轻互联网技术；重PC端和移动端，轻数据和智能；重内容延伸，轻用户沉淀；等等。“无管理、无技术”一针见血，媒体行业作为创意产业的形态决定了是“不鸣则已，一鸣惊人”的“亮点思维”大行其道。既然是创意产业，那么管理粗放一点没关系，技术不太够用也无所谓。但既然媒体都要转型为数据机构了，原来的做法显然不合时宜，所以我们不但要重管理、重技术，还要通过实践精细化管理为报社带来气象更新。

俗话说“磨刀不误砍柴工”。跟技术赋能一样，人员管理、项目管理，特别是精细化的管理也需要外部赋能。技术团队对比了几家项目管理和敏捷开发的工具，购买了专业的敏捷产品研发协作平台来管理项目，从产品概念形成、产品规划、需求分析、项目规划和跟踪、质量测试到构建发布、用户反馈跟踪的产品研发全过程，规范和改进产品研发过程，提高研发效率和产品质量。

以数据采集为例，南都大数据研究院榜单类产品很多，对数据抓取的需求量大。数据工程师平时都是如何精细化管理项目的呢？第一步，沟通需求。第二步，在协作平台上建立需求任务。第三步，对需要采集的数据页面进行分析，编写程序。第四步，数据交付。

举例来说，比如“南都辟谣平台”的数据采集。第一步，产品经理和数据工程师会跟需求方沟通要采集的信息、网址，抓取数据的发布时间范围，是否持续采集，采集哪些字段等信息。第二步，需求方填写工单，产品经理根据需求工单在开发协作平台上建立需求。第三步，数据工程师会分析页面采集的难度，如果通过分析目前可以解决，就进入编写程序的环节。最后，数据交付。目前南都提供了“自助取餐”的模式，需求方可以自行通过登录网页获得采集过来的数据。

以用户的需求进化为核心，采用迭代、循序渐进的方法进行软件开发

除了单人任务，多人协作任务的管理也是同样的道理。比如，一款创意产品是如何协作的？这里以H5创意产品的开发为例。

第一步，产品经理把线上或者线下沟通的需求记录下来，制订研发计划。第二步，产品规划研发排期，产品经理依据规划好的产品原型，填写预计工时、预计开始时间、结束时间、项目优先级、敲定处理人等。第三步，项目跟进，团队成员每日在协作平台上反馈项目进展情况，包括需求是否存在变更情况、上传设计稿、上传测试地址、反馈测试结果、项目上线情况。第四步，项目交付。

通过这种精细化流程管理，产品的研发周期大大缩短，一款创意类H5从提出设想到完成上线，通常几天时间就能完成。

第三节 多管齐下，技术全面赋能实践

技术规划、工作原则、协作规范和精细管理等，最终都是为了技术全面赋能。技术团队对报社业务的赋能目标就是要让技术的阳光普照每一寸土地，为南都的每一节车厢都装上引擎。

南都管理层提出，牢固树立以用户为中心、以产品为导向、以技术为驱动的转型方向，优质原创、创意传播、智媒服务多管齐下，加速奔跑，开创南都创新发展新局。也就要求技术赋能不应该仅限于某个业务板块，而是要求对报社各项业务都能覆盖到。

对内容生产的赋能，内容运营工具覆盖了策、采、编、审、发、评、馈的采编全流程。对职能工作的赋能，技术团队开发了企业官网、资产管理系统、评奖系统、工作统计系统等，提升了职能部门的工作效率。对经营的赋能，技术团队研发了经营管理平台，实现全流程作业和闭环管理，并提供统一数据管理、流转和使用。技术团队还直接参与经营业务，参与报社的对外整合营销服务。

一、N视频平台：自主可控的新型传播平台

当南都在2020年3月底决定要自己研发一款新闻短视频客户端的时候，在报社内部引起了争议。短视频风口还在吗？在已经有抖音、快手、梨视频的情况下，新闻短视频的生存空间还存在吗？视频项目的投入是不是一个无底洞？

从媒体生态的演进来看，随着5G等技术的飞速发展，短视频已经是并且在相当长的时间内会一直是媒体主赛道，不做永远都是看客，做了就有希望。

上马N视频客户端，时任南都总编辑戎明昌态度坚定。于是，本着“花小钱，办大事”的原则，N视频客户端1.0版本硬是完全靠南都自己的产品技术和运营团队，花了不到半年时间折腾出来了。2020年9月23日，N视频平台正式上线，包括客户端、创作平台、管理平台、小程序、网页端五大部分。

从产品和技术的角度，南都对N视频平台有六大定位：

一是安全的平台。N视频重点考虑安全可控的要求，确保系统内容生产安全、数据信息保密。在N视频平台的各个环节上设置监控点，设置权限管理，保障整个业务流程都遵守安全可控的原则。细到一个登录行为，大到一个活动的举办，在N视频平台上，都是可被监测、被追溯、被管理的。同时，N视频建设必须确保软件系统架构、软件代码规范、数据库自主可控。

二是开放的平台。N视频平台是一个开放平台的架构，除了要保证业务环节中的各个部分之外，还要支撑平台的推荐算法、用户运营、活动运营、经营规则、内容审核、内容流转、广告管理、奖惩机制和数据服务，以及支撑外部机构入驻服务和外部机构需要的运营服务、数据服务、创作服务、活动大赛等。同时作为5G时代的重点产品，N视频也针对5G下的应用场景作了产品的扩展和预留，如VR（虚拟现实）、AR（增强现实）、MR（介导现实）、物联网和AI（人工智能）等。

三是跨屏的平台。N视频远远不只是一个客户端，而是“一媒多态”“一媒千面”的载体。除了客户端本身以外，微信生态、微博生态、5G消息、物联网、户外大屏、智能电视以及智能车机也要进行适配尝试，最终实现多场景生产、多场景展示、多态化营销。

四是新型运营平台。N视频立足当下，面向未来，对内满足视频内容生产，赋能采编和经营管理，比如针对广告体系，与经营管理系统联通，针对内容审核，与内部校审流程联通；对外满足现有各种云产品接入、外部机构号主体运营支撑等。

五是新型外宣平台。繁体版、海外版的研发也在加紧推进中。

六是智媒数据平台。除了常规的新闻短视频，数据可视化、数据视频化将是N视频另外一个突出的特点，技术团队成立了DB（Data Beauty）小分队，专门研究数据的视频化。

N视频平台六大基础功能

未来，N视频平台将继续推进升级。面向平台建设，要升级视频媒资库，升级平台入驻和邀请裂变，建设安全智能审核平台，建立广告投放系统；面向视频号生态，要建立创作者成长体系，打造县级融媒体服务平台、青年创作者服务平台，提供云剪辑、虚拟主播、直播投屏等创作工具；面向用户一媒千面，布局5G消息应用、电视应用、车联网应用，同时推出电商带货、会员权益、积分商城等。

二、数据中台：数据资产管理平台

这几年，数据中台的概念很火，却大多"新瓶装旧酒"，原来的"中央厨房"、中央数据库、中控台这些概念都往里装。南都的数据中台，走的是一条务实的路线，核心是要为转型提供持续的动力输出，以业务为驱动，通过技术手段把数据从"管起来"到"用起来"，促使数据从成本中心变成价值中心，推动南都数字化生产，驱动南都智能化转型。

南都数据中台是南都数据资产管理平台、数据应用市场，其核心目的

南都数据中台示意图

是通过“共享”和“赋能”，为南都转型获得持续的动力输出。数据中台通过对数据的采集、分析、挖掘和建模，形成“即插即用”的功能组件和共享接口，把原来“作坊式”的生产方式变为“集约化”作业。通过完成南都数据资产的梳理、入库，并搭建中台数据框架，分步骤实施图文、音视频、课题、用户等数据库建设和赋能接口，实现数据中台的数据和技术共享的扁平化。

举一个例子，南都大数据研究院的广州政务新媒体榜课题需要技术人员采集广州市各区以及直属局办的官方发布内容及阅读数、点赞数。南都大数据研究院研究员需要的只是有定期统计数据的Excel表格。以前，数据工程师是把一张张做好的Excel表发给研究员。今天，我们开始使用数据中台策略，中台的产品经理提出了更多开放性的研发模式做内容供给侧的开发和应用。首先，这些内容本身是有价值而且是免费的内容来源（来自政务公开），客观上具备二次开发分门别类提供给自媒体、研究机构的可能。其次，这些内容也是训练机器生成、辅助写稿的最佳素材（学习样本）。再次，这也将为其他研究课题、数据中台开放平台服务提供复用、关联应用的用途。南都数据中台是业务与技术能力的结合，从实际内容上来看，数据中台是一套“方法体系＋工具集”，旨在合理地架构数据、规范地定义与加工数据、清晰地管理数据、安全地应用数据，促使数据产生价值，驱动南都数字化转型、智能化转型。

三、智创平台：做最好的全媒体内容管理系统

拥有包括美国发行量最大的报纸《今日美国》在内上百家媒体的甘尼特集团，花了数年时间打造了统一的内容管理系统Presto，被称为“伟大的创意”。这个系统强大到不但能使甘尼特集团旗下的不同媒体在同一个生产线工作、使用同一个工具，而且能够打通后台、用户界面和跨屏传播。

正在研发中的智创平台，是南都准备成就的一个“伟大的创意”。以前，为了支撑报社的内容生产和经营管理，用线索雷达系统进行线索监测，用发稿平台进行稿件编写，用采编指挥平台进行流程管理，用客户端管理后台和网站内容管理系统进行内容管理，用CRM（客户关系管理）系统进行客户管理，用办公系统管理日常工作。而全新的智创平台，不单是一个内容管理系统，而是充分贴合南都的业务，集优秀采编、经营、管理和先进技术之“智”，形成新的产品和服务力，促进内容生产的高效化和管理的智能化。南都的目标是打造媒体融合下内容生产、经营管理、资源共享的技术支撑和管理平台，在技术先进性、功能多样性、运行稳定性、业务扩展性、数据安全性等方面，都能成为一个“标杆”、一个系统，实现多平台（网站、客户端等）、多屏幕（PC、智能手机）、多媒体（图文、音视频、H5、互动游戏）管理。

四、采编指挥平台：采编工作指挥中枢

“中央厨房”一度成为媒体融合的“标配”与“龙头工程”，市场上很多软件公司也推出了一体化平台产品，“亮点”往往都是一块或一整面可视化大屏。而南都依循的则是立足自身实际，打造最适合自己的指挥中枢——“南都采编指挥平台”。南都从自身内容生产的流程出发，少说多做，抓住报社最核心也是最难管的采编生产流程，硬是做出了一套符合自身需求的流程系统，现已成为南都采编业务的工作平台，这客观上为南都转型提供了基础设施，为内容生产提质、导向安全提供了技术保障，而深层次上也正是通过南都采编指挥平台日复一日的运行润物细无声地将转型意识、融合意识注入了全体采编人员的大脑，进而转化为行动和结果。

南都采编指挥平台于2017年上线，并在一年内全面接管采编生产工作。采编指挥平台将已有的写稿系统，内容管理系统，内容分发、数据回收系统以及客户端有效地整合在一起，发挥出了合力。通过采编指挥平台，编委会可以管理指挥南都每天的新闻生产，通过实时线索集纳、人力调配、选题策划，使新闻产品的品质达到最优；管理指挥新闻产品的传播与分发，使之以最合适的产品形态，在包括报纸、网络、移动端等适配的介质上呈现，确保南都新闻产品全时空发布；还可以建立并管理南都新闻内容数据库，提供内容数据增值服务。可以说，从线索收集、内容生产、渠道分发，到传播评价，采编指挥平台都能更合理高效，契合不同介质平台，使传播效果最大化、数据资源系统化、采编流程规范化。

采编指挥平台根据媒体行业的特点，将媒体行业特有的流程以及媒体从业人员对报道指挥系统的特定要求进行结合，将新闻媒体生产环境中的相关人员有机地结合在一起，高效、协调地进行工作，大大提高了新闻内容生产和发布的效率。

采编指挥平台全面完成了提升采编速度、管理质量、快速反应能力和降低成本的目标，包括六大特色功能。一是即时通信，实现一对一、一对多的交流，提高员工之间的沟通效率；二是高效移动办公，通过移动端和电脑终端可以完成分享、日志、采访、审批、线索、签到六类工作，实现工作流程化管理，提升工作效率；三是自动化企业管理，请假出差一键审

采编指挥平台移动端部分界面

批，签到日志轻松管理；四是全面的通讯录管理，对全体同事的职务、负责业务、联系方式等信息以更加清晰明了的形式呈现；五是强大的文档管理，手机调用工作文档一键发出，手机接收工作文档一键预览，清晰的文档分类管理，目录结构一目了然；六是丰富的辅助功能，可为自己和同事预设日程，并自动提醒涉及同事，重要工作不耽误，也方便领导管理，了解员工的工作状态。

目前，采编指挥平台已和数据中台、智创平台、N视频、南都客户端系统对接，实现稿件的审批和一键签发，进一步提高编审工作的严谨性和灵活性。

五、媒体创新产品：用极客思维做新闻

2021年5月21日，广州、深圳同日报告出现本土新冠肺炎感染者，随后广东先后遭遇多次本土疫情。南都想用一种更为直观的方式呈现疫情动态：身边哪些区域或地点出现了疫情？距离自己有多远？政府有无在这些区域或地点进行封闭封控管理？自己所在的小区或楼栋是否存在疫情风险？哪些地点又逐渐解封恢复正常生活？

6月5日，“广佛本轮疫情动态信息地图”正式上线。该产品的最大特点是以精确到住宅小区的精度，将中高风险区域、封闭管理区域和封控管理区域通过不同色块在地图上进行直观呈现。这是地图类应用产品的全新尝试，其中最大的难点在于精确描绘街道、住宅小区的边界。为此，技术团队进行了大量的工作，最终通过用经纬度坐标圈定多边形的方式成功地解决了难题。

地图产品以极客风格、直观性强、实用性高等特点，潜移默化地影响着我们做产品的思维。新冠疫情暴发以来，南都相继推出了多款地图产品，有的主要是展示信息，有的结合热力图反映疫情程度，有的提供了基于地图、政策的实时疫情查询功能。

本轮疫情也引起了大家对疫苗接种的高度重视，南都适时推出了新冠疫苗接种点查询器。用户可按地区搜索或按距离查看附近接种点，也可以查看接种的相关规定说明，判断自身是否适合接种。新冠疫苗接种点查询器数据全面，覆盖28个省（自治区、直辖市）171个城市共6737个接种点，并且持续更新。

了解内容团队和用户的真实需求，不断地创新产品形态，或是从以往的案例中找到契合点，力求真正把产品做到“从采编中来，到采编中

广佛本轮疫情动态信息地图——精确到住宅小区的地图可视化应用

去”。除了疫情，在全国两会、建党百年、东京奥运、广交会、深圳经济特区建立40年、南都智库周等专题中，南都也推出了大大小小形式丰富的创新产品。

庆祝建党百年产品“数风流人物”，以粒子效果的形式呈现100位优秀共产党员的人物事迹，背景中无数的粒子代表着千千万万的党员队伍。用户可一键点击切换粒子模式和列表模式，查看人物相关页面内容，包括人物的精彩语录、采访、视频等。产品上线后引起广泛关注，获得“中国发布”客户端首页推荐，纳入国新办庆祝建党百年专题栏目。

东京奥运会期间，南都上线了一款互动小游戏——起跑反应器。用户可根据应用中的起跑口令点击按钮，测试自己的反应时间，并且跟“百米飞人”苏炳添的最快起跑反应时间进行对比。这款游戏在奥运期间掀起了一股“掌上短跑”热潮。

在不断创新的基础上，技术团队也在提升产品的实用性、复用性，在工具化上下功夫，将曾经做过的产品集纳起来，形成了媒体创新产品库，按照功能和形态划分为以下四类：

一是创新视觉。此类产品重视视觉观感与体验，富有感染力，多用于宣传、展示，从颜色、图案、形态等视觉元素吸引用户阅读、理解内容。此类产品包括条漫、3D视频、MG（动态图形）视频、全景VR、虚拟主播、亿像素等。

二是创新数据。此类产品注重数据，以数据为基础，通过丰富多彩的数据可视化形式，展现数据之“美”。从基本的数据图表、数据视频到时间轴、地图等应用较广、可交互的可视化形式，涵盖的话题、应用的场景广泛多样，从空间、时间等多个维度展现用数据讲述故事的能力。此类产品包括图表、时间轴、地图、看板、数据视频等。

三是创新交互。此类产品包含的类型较多，注重产品的交互性、趣味性、可读性，通过创新产品形态呈现内容，或是通过互动游戏吸引用户参与、体验，并且分享。此类产品应用较广，可用于对重要事件、专题或是各时间节点的相关内容进行展示，主要包括信息展示、活动运营、互动游戏等。

四是创新应用。此类产品多为工具型产品，重视产品的功能性、实用

南都媒体创新产品库

性及针对性，多用于对政策、数据、匹配程度等的计算查询模拟。用户可根据自身情况，选择或输入相关数据，查询与自身情况符合的结果，将产品用起来。此类产品主要包含计算器、查询器、模拟器等。

六、机器写作平台：机器也能写出10万+

南都讯　机器人小南实时报道　根据12306网站余票信息，截至2017年1月17日20：00：18，1月20日从广州出发至多个热门目的地的路线中，广州到北京、洛阳、南昌、贵阳的火车票全部卖完，想要去这些地方的朋友只有另谋他法了。

这是2017年1月南都写稿机器人“小南”正式上岗后的第一篇作品《南都机器人小南播报：20日广州—武汉还有大量无座票》节选。“小南”的首篇春运报道作品，共300余字，其数据来自12306网站，经过数据分析、文章结构规划与遣词用句等步骤自动完成，报道的生成只用了不到1秒的时间。生成后的报道随即进入稿件素材库，由编辑人员进行加工处理后，再进入审核发布流程。

名为“小南”的“机器人”，其实是一套程序系统。基于机器学习算法，通过融合领域知识，“小南”能够对数据进行深度分析，发掘重要的消息和事件，并用自然语言进行表达。同时，“小南”也能对已有的文本素材进行语句筛选与融合，从而以秒速生成报道。春运报道是“小南”解锁的首个技能，也是业界首个面向民生领域的机器写作。

2016年底，南方都市报和北京大学联合成立了“智媒体实验室”，对机器写作、文本实体识别、智能摘要、立场分析、智能服务等方面进行研究和实践。目前，智媒体实验室已经研究出了一些成熟的写稿模式，能够进行大规模内容生产，已经能够完成体育、天气、财经股市、诗歌等领域的写作，“小南”日写作量可达上千篇，已累计创作10万余篇稿件，积累了众多风格的语料库。

2019年，“小南”赋能“聚焦上市公司的机器写作平台”，瞄准上市公司，结合企业声誉研究等项目课题研究成果，以及上市公司公告采集，从人事切入，快速获得影响力。其中，上市公司高管动态，诞生了多篇10万+热稿。2019年底，“聚焦上市公司的机器写作平台”获得中国报业媒体融合项目一等奖。

目前，写稿机器人仅能做到将一个基本的新闻事实描述清楚，不能完成深度、调查、评论类报道，机器人创作的稿件也不能直接发布，只是作

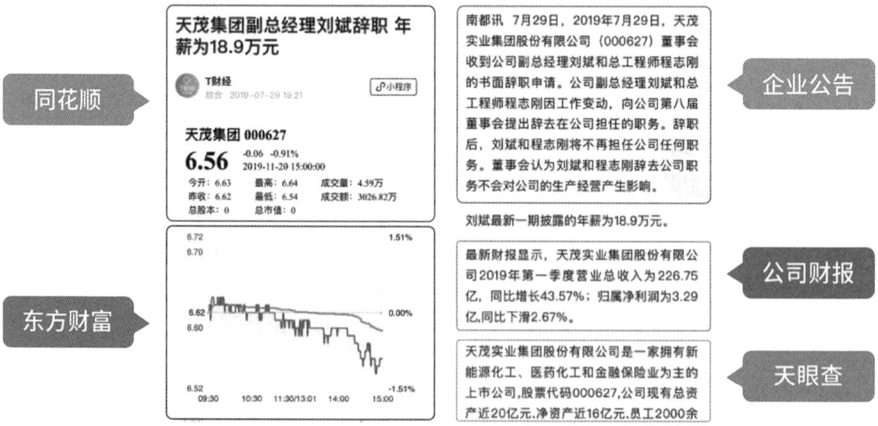

聚焦公众公司的机器写作平台，通过自动采集上市公司公告、银保监会公告、证监会公告以及其他企业信息，利用信息抽取、自然语言处理等技术提取公告中的关键信息，融合企业知识图谱，关注人事变动、公司违规、财报解读3方面，5分钟内生成稿件素材

为素材提供给采编人员使用。当然，创作型人工智能的优势是执行一些简单、重复性的创作输出，人类可以集中精力聚焦一些更富创造性的智力劳动，构建一种和谐的分工协作关系。未来，南都将继续探索机器辅助创作，将机器所擅长的领域分摊给机器，比如机器可以对数据进行挖掘，以及识别数据规律，将人类所擅长的工作内容交予编辑人员，比如设置提问、赋予任务以权重、对上下文进行理解等等。

七、智媒大数据平台：把数据管起来用起来

如果说调查报道考验的是单个记者的业务能力，那么数据新闻就是媒体综合素质的试金石，须做到文理皆修。每一秒都有大量的数据产生，内容数据、媒体数据、商业数据、公共数据、流量数据、公司信息、调研数据、用户数据、行为数据……如果不理会它，那它就是一潭死水。如果通过对数据的获取、挖掘、分析和解读，并由此生产出新闻，那么数据产生了价值，死水变活水。本是一堆冷冰冰的数据，切入点不同，还可能会产出两条完全不同的新闻，例如某上市公司的年报，《××××：2018年净利5.42亿元同比增25%》和《××××年报出炉，2018年每天赚148万元，53%是政府补助》这两个标题所传递的信息就大不一样。

国内的互联网媒体大多在2014年前后发力做数据新闻，南都也是在2014年推出了数据新闻版面。但总体上来说，国内媒体的数据新闻总体在低位运行，主要原因就是数据新闻要实现个性化、功能性和常规化，在数据驱动的前提下，表达方式极难突破，特别是数据可视化，很容易陷入“形式大于内容”的泥潭。没有动态数据支撑的数据新闻，大多是“耍流氓”。媒体人、数据分析师、设计师、工程师要通力协作，才能产出优秀的作品。

南都智媒大数据平台，旨在管理报社课题数据资源并实现开发应用。一方面，标准化管理南都数据资产，内部实现数据监管，激发交互效度；另一方面，开发为数据服务预警工具产品，为企业及政府等对象提供前置服务。对内，平台将汇聚各课题团队已完成及正操作的智库课题，包括测评、民调、榜单、报告，以及配套的数据库入口、相关报道链接、创意产

品、活动照片、音视频等。各课题团队须按标准模块上传数据资料，平台实现储存、查询、比照、可视化表现等功能。对外，平台进一步开发为数据服务预警工具，向政企对象提供查询榜单成绩、测评问题的内容，配套风险报警、竞品比较、行业趋势等功能，以便对象及时改善业务流程，南都实现了数据服务输出。

同时，通过制定数据信息资源编码规范，编制智库课题所涉及数据信息的编码原则和方法，形成操作守则，规范测评、民调、榜单等的分类分项、元数据、数据格式、数据使用策略、数据时效及更新等内容。在今后的工作中，各课题组按规范进行数据记录及使用，并在平台按规范上传储存，以实现数据信息的标准化共享和交换。

八、线索雷达机器人：让线索主动找你

在记者的日常工作中，有一项工作费时费力，那就是监控线索。比如微博热搜、人事任命、质量报告等线索，经常要求记者能够即时监控到，快速形成稿件发布，抢占信息制高点。以南都鉴定课题组的记者为例，他们需要在日常工作中监控数十个市场监管局官网的信息发布，一旦有新的公告就需要整理成稿件发布。以往，记者采取的办法是在电脑上打开这些网站，然后每隔10分钟刷新一次，但这个办法需要他无时无刻不在电脑旁边，一旦有外出采访任务就会耽误了监控。

线索雷达机器人，依托自行研发爬虫及语意识别技术，通过同步微博、百度热点、政府官网、纪委新闻、法院新闻、市场监督信息、教育系统信息、证券股市公告等信息线索监控采集，进行数据清理语义分析，根据用户设置的监控关键词，及时向用户微信推送对应的新闻线索信息。技术团队对该需求进行评估，认为这是大部分记者都需要的一个功能。在对数十位记者进行需求调研后，技术团队规划出线索雷达系统实施方案，并最终演进成为线索雷达机器人。技术人员收集了数百个经常使用的网站渠道，包含政府官网、微博、百度热点等，对这些渠道数据进行抓取分析并根据记者设定的关键词和渠道，进行定制化的推送。记者只需要添加机器人为微信好友，就能随时随地接收到需要的最新信息。

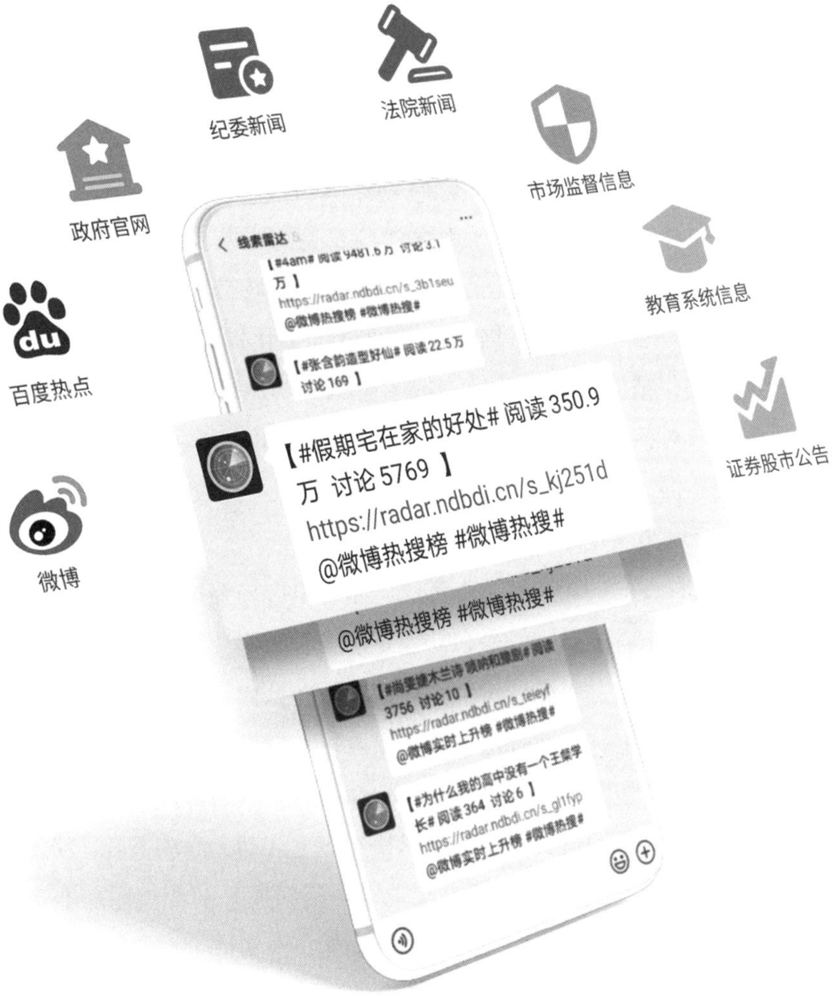

线索雷达机器人，依托自行研发爬虫及语意识别技术，通过同步微博、百度热点、政府官网、纪委新闻、法院新闻、市场监督信息、教育系统信息、证券股市公告等信息线索监控采集，进行数据清理语义分析，根据用户设置的监控关键词，及时向用户微信推送对应的新闻线索信息

目前该系统已有数百位记者编辑使用，每日监控线索量数十万条，受到采编同事的广泛好评。

九、定制开发服务：赋能“新闻＋政务服务商务”

近几年，产品技术团队围绕南都“新闻＋政务服务商务”融合转型的业务，在榜单测评、信息发布、网站建设、线上考试、赛事平台、征文平台等领域，开展技术服务，提升了智媒服务影响力。

在榜单测评方面，2018年，南都受广东省文明办委托，研发了广东省文明创建动态管理系统。系统上线后，改变以往城市文明测评的手工作业方式，实现文明测评的数字化转型。通过数字化提高文明测评体系的系统性、及时性、精确性和科学性，成为全国文明城市测评体系的样本。此外，系统接口对接到其他政务信息资源平台以及网约车平台、外卖平台等商业平台的数据，丰富文明城市测评维度，集成广州文明城市治理的大数据库，为提升城市文明水平提供智库支持。

在信息发布方面，2020年，南都受广东省电影局委托，研发了广东省电影宣发平台。广东省电影宣发平台功能定位为省级影片宣发平台、活动运营平台、电影数据平台、电影评价体系平台，旨在从内容运营、活动运营、数据运营、技术服务上，全面打造成为省级电影宣发标杆项目，在全国形成示范效应。主要业务包含：影片宣发，承担在国内上映的影片尤其是广东本土影片的宣发工作；活动运营，满足观影粉丝线上互动、活动报名、粉丝福利等用户运营需求；电影数据管理，实现电影资料库、演职员库、电影评价库、票房库的数据管理和传播效果评估等功能；电影评价，通过行业专家资源、专业影迷资源，建立符合主流价值观的客观电影评价体系。

在网站建设方面，2017年，南都受广东省商务厅委托，研发了广东省“走出去”公共服务信息平台。该平台是广东省商务厅建设的对外投资合作综合性服务网站，面向企业提供政策信息、国别产业需求和市场项目信息、国别投资指南信息、国别市场风险预警信息、专业服务信息和在线办事等全流程服务，打造政府、企业之间的交流平台，整合境内境外的政策信息、市场信息、专业服务的信息共享平台，各级部门间信息共享、协同合作的联动平台和广东省“走出去”智库平台。

在线上考试方面，2019年，南都受广东思想政治工作研究会委托，研发了广东省政工师知识答题考试系统。该平台系统服务广东省政工师专业职务任职评审，提供集题库考试、打卡积分、生成成绩单等一站式认证服务。通过这个系统，改变以往需人工组织考试场所进行考试评测的缺点，将考试放在互联网上，并采用大数据随机生成考试题目，达到公平、公正的考试效果。系统采用限时答题模式，从数千道题目中生成问卷，完成考试计分，并自动生成成绩单，同时在“广东政当时”公众号搭建积分打卡系统，用户直接通过扫码进行打卡累计积分，用于申报政工师职称。

在赛事平台方面，2020年，南都受广州市白云区政务服务数据管理局委托，研发了广州市白云区数据创新应用大赛平台。这是广州首个由政府主导的数据创新应用大赛，平台开设“定向赛题”“无限创意”两大赛道，面向全球征集数据应用方案。大赛平台系统包括赛事资讯展示、数据集下载、赛事作品上传、管理后台评分、获奖名单公布等。

在征文平台方面，2019年，技术团队联合南都教育联盟打造了非虚构写作成长平台。该平台面向中小学生，聚合优秀师资，提供别具一格的写作主题，鼓励学生自由表达、自主写作，这是南方都市报自推出南都杯中小学生

南都通过定制技术开发服务，形成了新能力、新服务

非虚构作文大赛后建立的一个网络写作新阵地。平台支持创建征文活动，提供作品上传、作品评审、作品点赞、分享拉票等功能，通过周榜、荣誉勋章、登报激励学生进行创作，实现线上举行征文类比赛的完整闭环。

截至2021年9月底，南都累计研发上线了十余个大型的定制开发项目，高质量赋能报社智媒转型，逐渐形成独特的服务竞争力。通过运营实践，技术板块从原来的成本单元，进化成能为业务带来增量的价值单元、能直接产生效益的利润单元。

十、南都企业官网：展示情怀和温度

一直以来，国内的主流媒体虽为大众传媒，却很少有建设企业官网的，读者和客户想要了解有关报社的信息，往往还需要借助于各种百科网站。

于是南都有了建设企业官网的想法，并很快付诸实施。企业官网对外是一张名片，可以讲好南都故事，提升南都的品牌影响力，方便与客户建立商业联系，降低营销成本；对内是员工的精神家园，可以凝心聚气、温暖人心。

南都企业官网分为五大核心板块，分别是企业（品牌）形象塑造和传播、企业员工风采展示、企业动态和专题活动推广、产品和服务展示推介、客户相关服务提供。

2020年12月，时任南都党委委员合影，出现在南都企业官网上

页面设计结合企业的VI/CI系统（视觉识别系统/企业形象识别系统）进行创意延伸，使网站具备鲜明的特点，能够体现出企业文化和理念，富有现代感，主调明快。界面效果设计敢于打破常规，同时采用新技术，如多媒体动画技术等，加强表现效果，让网站具备良好的视觉效果。采用不对称的设计布局，简约流行版式。专注于网站内容，不喧宾夺主，应用南都品牌红作为点缀，有深度的阅读层级，希望打造生动有趣、富有活力的网站页面。

南都企业官网（www.nandu.com）已于2020年12月正式上线。

本章主笔：黄治军（南方都市报首席技术官）

第四章

机制创新：都市报发展新探索

本章看点

➲ 对于成功实现媒体融合发展，体制机制创新发挥着极为重要的作用，音乐一起，就要跟得上、踏得准、贴得紧，慢上半拍，融合发展的成效就会大打折扣。

➲ 大胆创新不能没有小心求证，一往无前不能忘了稳扎稳打，处理好了发展与稳定的关系，融合发展之路才能越走越宽、越走越顺。

➲ 采编指挥中心作为日常内容生产统筹调度的枢纽中心和策划创意的“最强大脑”，大数据研究院作为智媒转型的先锋队和全力实践者，它们是南都“做中国一流智库媒体”的“车之双轮，鸟之双翼”，两者之间必须建立起科学、合理、高效的架构设计。

➲ 以新闻生产的影响力为基础，打造智库产品，又以智库产品的研究力反哺新闻生产，提高新闻产品的能量密度和思想深度，形成新闻生产与智库产品之间相互支撑、相辅相成的良性互动。

➲ 树立“手中没有好产品就不是好记者、好编辑、好研究员”的理念，刷新传统跑线的理念，打破狭隘的领地思维。

第一节
从1.0到4.0，创新一直在路上

习近平总书记指出：“抓创新就是抓发展，谋创新就是谋未来。不创新就要落后，创新慢了也要落后。”

不变革，媒体寒冬永远不会自行离开；不图变，生存之路通向的一定是悬崖绝壁。这是在移动互联网前所未有的冲击下，传统媒体面临的残酷现实。

何去何从？中央开出了“药方”——2013年，《中共中央关于全面深化改革若干重大问题的决定》提出，整合新闻媒体资源，推动传统媒体和新兴媒体融合发展。

媒体融合发展之路由此拉开。

媒体融合发展之路并不好走。就体制机制而言，传统媒体原有的组织架构、生产流程、考核机制等大多体现的是传统媒体时代的媒体运营理念，阻碍了传统媒体融合发展的步伐。

中央再次开出“药方”——2020年9月，中共中央办公厅、国务院办公厅联合印发《关于加快推进媒体深度融合发展的意见》，要求深化主流媒体体制机制改革，建立适应全媒体生产传播的一体化组织架构，构建新型采编流程，形成集约高效的内容生产体系和传播链条；要求研究设计科学合理的绩效考核体系，推动建立符合行业特点的薪酬分配制度，激发优秀人才创新创造积极性。

在这条媒体融合发展的改革路上，南方都市报顺应时代潮流、媒体变局，围绕中央精神、行业趋势，发挥敢为人先、敢啃硬骨头的精神，下大决心，顶住压力对以“报”为中心的组织架构进行全面升级，对传统的管理机制进行全面提档：以建立健全一体化的智库媒体型组织架构，激活组织活力；以建立健全智慧化的智库媒体型生产机制，释放内容生产力；以建立健全专业化的智库媒体型人才管理机制，激发队伍活力；以建立健全市场化的智库型媒体长效运营机制，增强造血能力。通过全面深入的体制机制创新，为主力军全面挺进互联网主战场做好了组织准备，为媒体融合转型向纵深发展提供了机制保障，创出了一个都市报在移动互联网时代发展的新样本。

南方都市报体制机制创新的实践，得到国家新闻出版署及业界的高度认同，被评为2020年中国报业深度融合发展创新案例。

从2017年开始，南方都市报按照“移动优先、数据优先、用户优先”战略，确定了深度融合、全面转型的方向和路径。媒体融合发展，没有现成的经验可借鉴，南都跟同行一样，都是摸着石头过河。尤其是数据优先的智媒转型，走的更是一条从未有人走过的路，啃的是硬骨头，闯的是深水区。

一、重点突破、试点先行、分步实施

在融合发展过程中，南都紧紧盯住“三个优先”这个战略目标，每年明确一个主攻方向，每年不断优化升级，以体制机制改革创新为“主攻部队”增添强劲动力、满身活力，以“重点突破、试点先行、分步实施”为战术保障融合转型行稳致远。

“君子始冠，必祝成礼，加冠以厉其心。”2017年，南都20岁。顺应移动化转型这一方向，南都全面启动新一轮全媒体迭代升级，成立采编指挥中心，启用采编指挥平台，以架构重组、流程再造、转型融合为推进器，以技术创新为突破口，构建起管理扁平化、功能集中化、产品全媒化的制度保障，全力推动融合转型。

这是南都体制机制创新的1.0版本。

2018年，南都主攻“数据优先”。同年2月8日，南都负责人在南都大数据研究院挂牌成立仪式上发表题为“数据南都，连接一切”的演讲，标志着南都全面开启数据化转型。

打造数据生产平台，培育数据产品孵化器，构建数据流通点，数据化转型的急切需求，倒逼南都重塑传统采编，强化整体运营，充分释放媒体连接能力，促使南都加快体制机制创新，大数据研究院应时而生。大数据研究院既不是传统的采编部门，也不是经营部门，其主要功能有三项：一是数据生产平台，报社各方资源在此聚合再生；二是公共支撑平台，为课题研究、数据生产提供技术、设计、策划、传播等服务；三是产品运营平台，对课题、数据产品进行发掘、培育、布局、推广。

这是南都体制机制创新的2.0版本。

二、刀刃向内、系统改革、整体创新

“越往前走，深层次的矛盾就越凸显，最突出的就是来自体制机制的束缚。”2019年，南都管理层带领团队刀刃向内、系统改革、整体创新，以重新划分岗位、重新设立能力层级、大范围实施年薪制、探索建立会员体系为主要抓手，进一步改革组织架构、生产流程、人力管理、薪酬体系等，释放内容生产力，提升生产效能，重建内容生态，重塑新服务能力。

这是南都体制机制创新的3.0版本。

2020年年初，新冠肺炎疫情突如其来，社会经济发展面临着严峻形势，媒体概莫能外。如何育新机，怎样开新局，如何进一步推动南都智媒转型向纵深发展？南都开启史上力度最大的一次改革——全面重塑组织架构，全员实施基础年薪制，全域解放生产力，全面打破部门壁垒。

这是南都体制机制创新的4.0版本。

得益于体制机制的持续创新和强力保障，在媒体融合向纵深发展过程中，南都逐步寻找到了一条符合中央精神、行业趋势、自身禀赋的智媒转型之路。与此同时，团队士气高昂，精神振奋，对媒体融合转型的未来充满信心。

对这几年的改革实践，南都有两点深刻的体会：一是对于成功实现媒体融合发展，体制机制创新发挥着极为重要的作用，音乐一起，就要跟得上、踏得准、贴得紧，慢上半拍，融合发展的成效就会大打折扣；二是体制机制创新不是靠一身蛮劲、一腔热血就能一蹴而就的，大胆创新不能没有小心求证，一往无前不能忘了稳扎稳打，处理好了发展与稳定的关系，融合发展之路才能越走越宽、越走越顺。

第二节
重组组织架构，激活组织内生力

“我们所有的转型都是基于组织架构优化开始的。”南都管理层2021年1月在接受中国新闻出版广电报记者采访时表示，南方都市报从组织架构开始改革，将刀刃向内，打破部门藩篱，加快融合转型步伐。

一、组建采编指挥中心

2017年4月，南都打破旧有框架，组建全新的采编指挥中心，作为日常内容生产组织的发动机和最强大脑。这是南都实施“移动优先”、体制机制创新1.0版本的重要抓手。

采编指挥中心由传统的采访和编辑部门整合而成，是编委会下设机构，是南都报网端内容生产的调度中心和传播枢纽。总编辑担任采编指挥中心总指挥，编委轮流担任指挥长。它打破部门及资源壁垒，真正实行扁平操作，真正起到指挥调动、统筹协调的作用。

采编指挥中心重在建立适应全媒体生产传播的一体化组织机构。改革之前，南都面向全省发行的省版叠报纸、面向珠三角各城市发行的城市读本，以及移动端发稿，由三套人马组成，各自为政。改革之后，原来的要闻编辑部、珠三角编辑部、移动媒体部完全打通，搭建24小时全媒体编辑部，实现了一支队伍服务多个内容终端，编辑也由此成长为多面手，既能做报纸编辑，又能当新媒体编辑。

二、成立大数据研究院

2018年2月8日成立的大数据研究院，则是南都实施“数据优先”、体制机制创新2.0版本的关键抓手。

大数据研究院直接由南都党委会管理，其成立伊始就对原有采编、技术、运营进行整合，设置产品部、技术部、民调呼叫部、商业数据部、课题中心、项目运营部六个部门。产品部，负责数据新闻和数据产品的采集、清洗、挖掘、分析以及制作、传播，为各部门提供数据产品制作的公共服务。技术部，负责南都数据集成管理平台的开发、数据库的运维及安全管理。民调呼叫部，由原来的民调呼叫中心改造组建而来，负责投诉报料、民意调查、数据采集等工作。商业数据部，通过课题开发为电子商务、智能出行、移动互联传播平台、物流企业等客户提供增值服务，建立起南都的商业数据库。课题中心，是虚拟部门，采编团队提出的课题研究在经过遴选后，纳入课题中心进行统一运作管理。项目运营部，负责大数据研究院的项目运营。

采编指挥中心作为日常内容生产统筹调度的枢纽中心和策划创意的“最强大脑”，大数据研究院作为智媒转型的先锋队和全力实践者，它们是南都“做中国一流智库媒体”的“车之双轮，鸟之双翼”，两者之间必须建立起科学、合理、高效的架构设计。

三、强化技术引领驱动

2020年，随着融合转型的深入，原有组织架构划分已经无法适应、满足发展形势和改革需求，架构调整迫在眉睫。原因有二：一是受到年初突如其来的新冠肺炎疫情的冲击，必须进一步整合资源，解放生产力，育新机，开新局；二是经过前面两年的艰苦努力，虽然融合发展取得了一定成绩，但要夯实筑牢“三个优先”，深入推动融合发展，必须进一步强化技术的引领、驱动作用。

基于这样的思考，南都大刀阔斧调整优化组织架构，调整后的组织架构中，技术受到空前重视。

南都党委会下设编辑委员会、大数据研究院、技术委员会、运营委员会、行政委员会，实现“五轮”驱动。

新设的技术委员会，下辖产品技术中心，内设产品规划部、技术研发部、系统架构部三个部门，为技术驱动夯实底盘。

编辑委员会下辖六大中心，分别是融媒体中心、采访中心、北京新闻中心、深圳新闻中心、珠三角新闻中心、编务中心。

其中，融媒体中心以产品、渠道、平台为导向，包含要闻、南都新闻APP事业部、南都视频APP事业部、南都官微新闻部、奥一网新闻部，清晰地体现了南都的报、网、端矩阵。值得一提的是，南都视频APP事业部并不仅仅是将原来的短视频事业部简单地改个名字，而是以原短视频事业部为主要班底，另将适宜视频化生产的深度热点采访板块及一部分摄影记者囊括进来，希望这个组合能在南都视频这一拳头产品上玩出新花样。

采访中心则将广州总部所有采访板块整合进来，避免了原来的经济、摄影、评论、体育、娱乐等板块游离在外的状态，同时将原来若干个单边作战的工作室归入团队，打通人员及资源力量。新的采访中心以课题、产品为导向，下设八个部门，分别是评论部、省情新闻部、科教卫新闻部、广佛新闻部、商业数据新闻部、财经新闻部、地产生活新闻部、文体新闻部。

整合深圳新闻中心，将之作为南都事业发展的“双城”之一，下设政经治理新闻部、民生调查新闻部、商业科技新闻部、人文地产新闻部、视觉新闻部、编务工作室，部门划分更加垂直。在视觉、编务等支撑板块上配齐配强，进一步促进深圳板块的转型，确保南都在深圳影响力保持高位运行。

整合北京新闻中心，下设采访部、智库研发部。北京团队人员在分工上更加明晰，采访部明确定位为对接部委资源，承担着开拓高端政治资源的重任。智库研发部则围绕课题生产，纳入个人隐私保护、反垄断保护等成熟课题组，与总部大数据研究院遥相呼应。

新设珠三角新闻中心，推动地方资源整合，加大区域智媒转型力度，下设智库研究院、莞惠新闻部、珠中江新闻部、可视化工作室。

新设编务中心，下设总编室、审读校对室。

优化大数据研究院，下设创意中心、课题中心、数据研发部、民调与热线中心、大数据事业群。

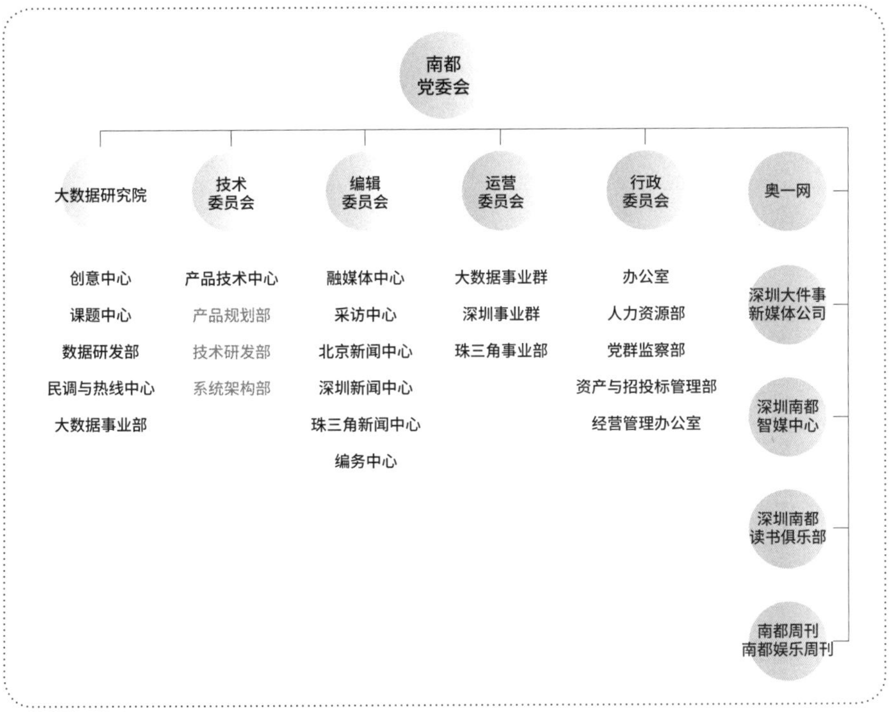

2020年8月南方都市报组织架构图

通过大力整合，引导各业务单元打破原来以“报”为中心的架构设计，转向以“平台渠道”和研究课题为中心的资源布局，拆除利益藩篱、资源壁垒，实现资源共享、优势互补，推动融合聚变、区域协同。

第三节
重建生产机制，释放内容生产力

推动深度融合发展，必然要构建新型的“策、采、编、发”流程，重点是要突破流程再造这个“腊子口”，采编指挥平台是其中最为关键的抓手。

一、打通“策采编发”全链条

作为南方都市报自主研发的采编管理系统，采编指挥平台充分结合了日常采编工作的实际需求和南都特性，从2017年4月开始全面启用，打通了“策、采、编、发”全链条，实现了“一次采集、多种产品、多次分发”。技术革新带来的生产流程再造，解决了困扰南都多年的流程管理难、沟通难、调度难的问题，大大提升了生产效率，加速推动生产力整体向移动端转移。

目前，采编指挥平台实现了九个方面工作的一“键”控制。

采编同步。采编过程实时同步，编辑不用两眼一抹黑，记者编辑随时沟通。

实时联动。记者与记者、记者与编辑、白班与夜班、同事和领导之间都能实时调度联动。

地域互通。不同城市的编辑、记者也能互通有无、及时沟通。

扁平决策。在采编平台上，每一层都可以直接交流，流程更加扁平，快速反应。

报网端打通。APP编辑、报纸编辑、微博微信编辑可以同时看到记者采访，了解采访进展，看到相关稿件，报网端同步发稿。

闭环管理。从采访的起点——线索来源开始，到采访、报题、交稿等环节，根据权限管理，部门领导可以全程看到，随时调整采访方向，上级领导也可以随时直接干预。

证据留存。录音、采访截屏、采访进程一目了然，再也不怕拿不出证据。

资源共享。通讯录、采访心得分享构成资源库，以前采访过的人需要再次联系时，搜索便可找到。同事之间，根据权限，可以分享到彼此的专家资源、采访经验教训等。

数据挖掘。建立报社的采编资源数据库。关键字检索，开启更多的关联性。

二、形成协同高效工作机制

在南都移动优先、数据优先齐头并进的智媒转型路上，内部不可避免地会产生“是不是不做新闻了”“做新闻还是做课题”“新闻与课题之间如何协调”之类的困惑、迷惘。

在反复解释、沟通、传导“新闻生产与智库生产并重，移动优先与数据优先同行，两者是车之双轮，缺一不可”理念的基础上，从2018年开始，南都在采编指挥中心和大数据研究院率先实行高度融合、紧密协同的生产机制，并逐步推广至全报社，形成协同高效的工作机制。

高度融合机制核心有两条——

新闻与课题互为驱动机制。以新闻生产的影响力为基础，打造智库产品，又以智库产品的研究力反哺新闻生产，提高新闻产品的能量密度和思想深度，形成新闻生产与智库产品之间相互支撑、相辅相成的良性互动。

高度融合协同创新机制。采编指挥中心和大数据研究院之间以课题、产品为纽带，通过日常报题、协作支撑，实现融合协同。同时树立“手中没有好产品就不是好记者、好编辑、好研究员”的理念，刷新传统跑线的理念，打破狭隘的领地思维。

转型理念得到认同，融合机制落到实处，让南都整个换了样，原来的两张皮，变成了同一张里子，这一转变让新闻生产更有深度，让智库生产更接地气。

三、建立生产全链条负责制

得益于上述基础，从2019年开始，南都进一步变革生产机制。

首先，推进记者职能结构性改革。对记者团队重新梳理，新闻生产和智库研究并重，一部分人员侧重于公共新闻，致力于大众传播；一部分人员编入不同课题组，致力于行业研究，实现精准影响。需要说明的是，记者做课题，并不是放弃做新闻，而是要求记者适应新时代，用做课题的方式去跑线，去经营新闻，去创造新的新闻品类。

其次，建立生产全链条负责制。除个别版面外，各采访部门不仅负责移动端的内容生产编发，同时还要承担对应的报纸版面编发。

再次，推行栏目（公众号、版面）主编制。主编对栏目（公众号、版面）负直接管理运维责任，主编由中层或骨干采编担任，对其实行KPI考核。

除此之外，南都重建生产机制的措施还包括：

夜班编辑前端化。夜班编辑不是“三个优先”战略的旁观者。除了封面、要闻等少数关键岗位外，其他岗位也必须积极转型，进一步打破夜班编辑等待来稿做版的工作状态，夜班编辑工作流程进一步优化，工作内容进一步融合，从报纸生产的末端走到前端。

新媒体岗位产品化。对所有的新媒体岗位，实施产品化的生产考核机制，淡化小编角色，强调产品经理角色，即每一个公众号都要按照IP定位打造，用IP的标准进行评价和驱动。

内容生产多元化。控制压缩泛资讯稿件，通过KPI考核，加大对图片、视频、音频、H5、条漫、智库报告等内容形态的生产力度。

产品开发社群化。对所有的产品都导入社群运营的概念，这里包含两层含义：一是要找到精准的用户，二是要对用户进行运营。建立起相应的社群化机制，并对用户进行全生命周期、全价值链条、全渠道的社会互动的管理。

内容分发场景化。通过用户数据库的建立、社群化运营以及对外资源的嫁接，比如智能音箱、物联网等，建立内容分发的场景化机制。

技术研发主导化。技术研发创意不再是支撑角色，而是驱动者。通过相应机制保障，让技术研发创意团队在内容生产方面发挥更加全面的主导作用。

第四节
重构管理机制，激发队伍源动力

推动媒体融合向纵深发展，根本要靠人才，人才是第一资源。让员工有事业心、归属感、忠诚度，让队伍擅打硬仗，能打胜仗，有三点因素非常关键：一是有良好的职业发展通道，二是有科学的绩效考核体系，三是培养具有专业背景的复合型人才。因此，建立健全一套符合自身特点、科学合理的人才发展机制、薪酬分配制度，激发优秀人才创新创造积极性，势在必行。

一、重新划分岗位序列

传统媒体时代，被誉为传媒界“黄埔军校”的南方报业培养了一大批优秀的采编人员。时过境迁，媒体传播和媒体格局的巨大变化，使得传统人才赖以生存的专业技能，出现诸多薄弱环节和短板。

作为局内人，业务能力应随着报社转型方向的能力需求之变而变。每一位团队成员，都要不断适应从单一的新闻角色，向研究、服务、参与的多维角色转型的趋势。因此，南都打破传统的记者编辑的单一岗位设置，重建人才岗位序列，是一个顺势而为、水到渠成的过程。

为鼓励采编人员积极向数据生产、智慧服务转型，早在大数据研究院成立伊始，南都就在采编序列试点研究岗制。研究岗的主要职责为围绕课题报告、项目产品进行调查研究、撰写报告、制作数据。研究岗参照新闻岗，设置研究员、高级研究员、首席研究员等，对应不同的待遇标准。

针对转型过程中陆续出现的新工种、新任务，2019年南都对岗位进行了重新梳理，借鉴互联网优秀公司的人才制度，逐步提炼出南都人才“五大岗位序列”，即采编、研究、产品、技术、设计。

其中，采编岗业务范畴主要包括常规新闻在各渠道如报纸、APP和“两微”的传统采编发工作；研究岗业务范畴主要包括基于不同类型的课题对接行业，展开专业研究，并生产数据分析、测评报告等智库类产品；产品岗业务范畴主要包括对新闻或智库产品，进行有针对性的策划推广和创意生产，包括各类新的发布和传播形态，如短视频、直播、H5和在线数据库等；技术岗主要工作内容为新媒体技术和数据技术的开发和维护；设计岗主要工作内容为平面设计、动画制作等，侧重于产品创意和设计服务能力。

在2020年8月完成的全报社内容生产人员专业技术层级竞聘中，研究岗占比20%，产品岗占比21%，技术岗占比7.4%，设计岗占比6.9%，以上四类岗位的总占比已经超过传统采编岗位的占比。原有采编人员中，有相当一部分人员转型到研究岗或产品岗，在新赛道中构筑新能力。

“五大岗位序列”构建起南都全新的岗位体系，员工可根据自己的职业规划选择不同岗位发展路径，也可以跨岗位序列发展。有了这个“指挥

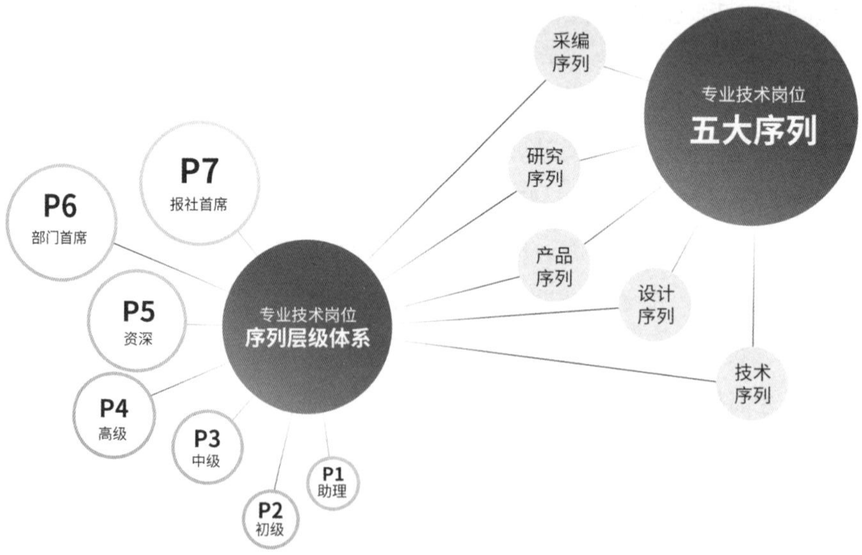

岗位序列和能力层级示意图

棒”，南都紧缺的人才能够更快地得到补充，而人才也能在新的行业和岗位上发挥出全新的价值，从而形成良性循环。

二、设置岗位能力层级

人才序列重建之后，如何建立与之匹配的内部职业发展通道以及更有针对性的绩效考核体系，是摆在南都面前的又一重要课题。

南都的对策是：第一，建立各类岗位的能力层级。针对不同序列岗位分别划分七个能力层级，对各个能力级别的要求根据报社的转型方向进行具体定义，各个序列岗位的能力要求侧重点各不相同。为构建更加体现能力差异与工作实绩差距的内部层级体系与职业发展通道，2021年对原专业技术层级设置予以优化，在原P1至P7七个层级基础上，增设P4＋、P5＋、P6＋三个层级。这既是一套能力体系，也是南都员工内部职业发展通道。第二，细化绩效考核指标。根据员工岗位特点和所在层级，协商个性化的绩效考核指标，设置量化性指标，考核更具有针对性。第三，推行层级年度调整。为了提升团队活力，加强层级间的流动性，每年定期进行一次能力层级调整，参考上一年度月度评分、发布作品或产品、为报社带来的经济效益等因素，参照能力指标，对所有人员重新进行能力评估。

经过反复分析论证，南都在绩效考核中实施“一人一策”，这是南都在人才机制改革中的又一次“尝鲜”。当前，南都很多产品没有实现标准化，生产标准没有标准化；不同部门的转型处于不同阶段，转型的方式也不一样；每一位员工承担的工作任务不尽相同，研究课题投入的精力也不一样。这意味着，考核指标的设置很难做到统一。在南都转型战略的大框架之下，每个部门可建立一套个性化考核方案，实施“一人一策”，最大化发挥个人主动性和能动性。

三、全员实施年薪制

基础年薪制完全区别于以往的计件制工资，是一项在激励机制上的全新探索。在媒体行业，南都作了一个大胆的、积极的且富有成效的探索和创新。

我们可以看到，计件制赖以生存的基础正在消逝。过去，南都的工作内容就是生产稿件或者版面，内容相对单一；对稿件、版面的质量制定了明确的标准，从差到优，都有明确的对标准的描述；每一个稿件、每一个版面对应质量标准可以得出不同的定额稿费或版费，员工的每一个劳动成果可以单独统计。

南都在多年的转型实践中发现：一是工作不再单一，而是多样复杂，除了写稿、做版，还要搞策划创意、搞活动，要出方案、写报告，产品生产周期变长，生产合作协作性加强，这些工作无法简单地单独标价计量。二是很多创新、研究的工作，都处在探索和试验阶段，很多产品还无法定出固定明确的质量标准，还做不到批量生产。三是员工不能只管生产，还必须关注负责的产品是否有市场、是否有客户愿意买单，必须根据市场的反馈，不断地调整产品规划和形态以及生产方式。

因此，员工必须参与到报社转型中来，不能做局外人，必须躬身入局，挺膺负责，必须共享改革的收益，共担改革的风险。为稳步推进改革，2017年，南都在北京新闻中心、深度新闻部两个部门开始试点年薪制；2018年，在大数据研究院推广年薪制；2019年，在广州总部各内容部门、板块全面实施年薪制；直至2020年8月，随着深圳和珠三角各新闻部实施年薪制，南都才实现全员年薪制。

四、构建学习型组织

学习精神在南都有着非常深厚的基础，尤其是这两年，南都积极构建学习型组织，做好专业知识、专业素养培训。

南都并非近年才开始搞内部培训，此前的培训内容尚不成体系，比较零星，培训内容也较少跟业务部门探讨，至于参训情况和培训效果，也无从得知。这两年的培训，契合智媒转型方向，追求实用有效，同时在内容设置上形成颇具特色的培训体系。

2019年，南都设置了“导向把关、新媒体、数据智库、技术赋能”四大系列培训。2020年，在上一年基础上重新设置了“导向把关、音视频、数据智库、创意传播、技术赋能、用户运营”六大系列培训，培训讲师既有报社优秀骨干，又有外请专家学者，培训方式既有内部交流学习，又有外出考察学习。

2020年全年，南都举办了88场业务培训；2021年，南都举办了114场业务培训。线上线下结合，平均每场160—200人次参训，全员覆盖，效果良好，为员工转型和南都融合发展提供了强劲助力。

“对融合转型不断向前的南都而言，我们有怎样的人才储备水平，我们为人才准备怎样的舞台和机制，将是南都推动深度融合能走多稳、走多远的最关键因素。”南都管理层对此有深刻的认识。

培训时间	培训系列	培训讲师
2021年1月27日	从南都的商业模式，谈技术如何贴近业务	内部人员
2021年1月28日	民法典时代下新闻侵权的法律适用	内部人员
2021年3月2日	主流媒体一线采编如何做好新闻把关人	内部人员
2021年3月30日	著作权法修订亮点暨新闻媒体的版权风险防控	内部人员
2021年4月16日、27日	4天全盘掌握手机短视频制作（第二期）	内部人员
2021年4月28日	如何和N视频一起飞	内部人员
2021年5月8日	赋能内容传播，我们有了新功能	内部人员
2021年5月13日、28日	4天全盘掌握手机短视频制作（第三期）	内部人员
2021年5月20日、21日	如何加强导向把关	内部人员
2021年5月26日、27日	如何运营N视频与短视频制作全流程技能培训	内部人员
2021年7月8日	合同签订及履行过程的风险防控	内部人员
2021年7月16日	视频运营：流量与深度并重	封面新闻内容运营人员
2021年7月16日	热点小视频的叙事方式和制作解析	成都商报视频与视觉中心人员
2021年7月23日、8月26日	如何运营N视频与短视频制作全流程技能培训	内部人员
2021年8月3日	读图时代的报网数据可视化之美	内部人员
2021年8月5日	“问卷调查技术”（第一期）精品课程班	内部人员
2021年9月7日	媒体快手号爆款内容分析及平台最新玩法	快手区域媒体号有关人员
2021年9月26日、10月11日、10月12日	智媒转型下南都的整合营销与创意策划	内部人员
2021年10月25日—10月29日	全媒体时代新闻宣传业务暨内容创新与舆情引导能力提升培训班	人民网、中国青年报、中国传媒大学、中国电影电视技术学会有关人员
2021年11月10日	新型主流媒体直播与创意策划	南方$^{+}$客户端内容运营人员

南方都市报2021年业务培训表

第五节
重塑运营模式，增强经营造血力

面对全新的外部环境、不断变化的市场，媒体传统的运营模式已经不能适配，必须以变革求新之大勇应对行业之大变。幸运的是，南方都市报通过不断实践、探索，找到了一条符合中央精神、行业趋势、市场机制、自身禀赋的运营模式——以“优质原创、创意传播、智媒服务”为基石的“新闻+政务服务商务”运营模式。

一、在“新闻”统领下做加法

“新闻+政务服务商务”包含着丰富的内涵，核心在“新闻”，坚持“新闻”统领，坚守新闻内容的主功能不变，好的内容永远是根本，是舆论场上的“硬通货”，没有传播力就没有一切。要义在“+”，也就是说，在“新闻”的统领下做加法，以“+政务”赋能政府治理、区域治理，以“+服务”助推社会治理、行业治理，以“+商务”介入企业治理、产品评测。“+政务服务商务”，既追求社会价值，也讲求商业价值，增强自我造血功能，增强融合转型能量。

南都以“新闻+政务”赋能政府治理、区域治理，为推进粤港澳大湾区和深圳中国特色社会主义先行示范区“双区”建设、广州和深圳“双城”联动贡献智慧力量。其中，“广州城市治理榜”通过运用公共数据、政府数据、民意调查数据等，为政府治理树立参照标杆，成为全国唯一获得首届中国城市治理创新奖的媒体机构案例。

南都以“新闻＋服务”助推社会治理、行业治理，为加快建设法治社会，构建共建共治共享社会治理格局贡献智慧力量。如针对网络色情黑色产业乱象，南都通过行业测评、深度调研等手段，深度调查和揭批商业直播平台涉黄情况，有力推动营造清朗网络空间，2020年荣获“全国‘扫黄打非’先进集体”称号。

南都以“新闻＋商务”介入企业治理，为企业生产定制课题报告，提供风险评估建议，帮助解决企业在产品、运营等方面的痛点难点，成为企业发展生态链上的重要一环，网络内容生态治理研究、个人信息保护研究、在线教育合规发展研究等课题获得企业广泛好评。

二、以“新闻＋政务服务商务”促发展

实行“新闻＋政务服务商务”运营模式以来，南都自我造血功能持续增强，融合转型能量有力释放，市场认可度持续提升，2018年一举扭转多年下滑势头，并连续3年保持利润大幅增长，2020年全年总营收近5亿元，利润超亿元，2021年继续保持良好势头。尤为可喜的是，营收结构发生质变，新媒体和新服务能力收入占比远超传统广告收入，达到三分之二，已占据主导地位。在这种运营模式下，南都实现了社会效益和经济效益的有机统一。

以融合促转型，以“新闻＋政务服务商务”促发展，两者相融相通。这是新时期南方都市报的家国情怀，是南方都市报的时代责任，也是南方都市报深度融合、智媒转型可持续发展的秘笈之一。

本章主笔：刘岸然（南方都市报编委）
何芳芳（南方都市报人力资源部总监）

第五章

移动优先：主力军挺进主战场

本章看点

➲ 好的新闻产品不一定是好的智库产品，但好的智库产品一定可以产生出好的新闻产品。

➲ 媒体影响力的源泉来自对用户的有效触达和紧密连接，巩固强化媒体的舆论阵地，捍卫提升媒体的内容影响力，必须实现对用户的广泛连接和充分互动。

➲ N视频以N种方式打开世界。它生而不同，坚持技术赋能，完善服务生态，以自身迭代应对挑战，用品牌传播不断尝试出圈。

➲ 传统纸媒的转型，不少人习惯找一条自己最熟悉、最便利的路径。但结果是，转型真相并不在路灯之下，而是在我们的常规视野之外。

➲ 条漫产品作为南都创意传播的一环，形式并不是最大的利器，扎实的内容、理解用户以及创新进取的“不服”精神，才是南都条漫成功的秘笈。

第一节
重塑流程+创新表达+再造平台

在传播生态格局发生重大变化的时代，主流媒体的转型发展首先要回答的问题就是，如何构建有效的传播渠道，如何打造有影响力的传播平台，如何让专业的新闻内容生产和互联网时代的传播规律相匹配。这也是内容生产保持影响力高位运行的根本，是媒体融合转型的关键。

南方都市报从一份报纸到拥有多元传播渠道的新媒体矩阵，实现的是内容生产流程的重塑，是话语表达方式的转变，也是媒体传播效能的提升，这背后的重要驱动力量之一就是“移动优先”的战略部署。

一、用移动互联网思维推进融合转型

按照习近平总书记的要求，人在哪儿，宣传思想工作的重点就在哪儿，网络空间已经成为人们生产生活的新空间，那就也应该成为我们党凝聚共识的新空间。

中共中央办公厅、国务院办公厅印发的《关于加快推进媒体深度融合发展的意见》指出，要推动主力军全面挺进主战场，以互联网思维优化资源配置，把更多优质内容、先进技术、专业人才、项目资金向互联网主阵地汇集，向移动端倾斜，让分散在网下的力量尽快进军网上、深入网上，做大做强网络平台，占领新兴传播阵地。

近年来，南方都市报全力推进“深度融合、全面转型”，用移动互联网思维推进融合转型工作，通过采编指挥平台重构并不断优化内容策采编发播流程，构建起24小时新闻生产闭环。在移动优先的战略布局下，南都的新闻内容生产首先考虑的是移动端的制作呈现和传播效果，让内容以更快捷的时效速度、更生动的话语方式、更精准的分发手段有效地触达受众。

一是在发稿机制上的移动优先。在新闻内容的采访源头就同步规划和组织内容在移动端的传播方案，在这方面采编指挥中心发挥了资源协同和策划调度的中枢作用。通过采编指挥中心的创新改革，南都实现了各种媒介资源、生产要素有效整合，做到了“一次采集、多种产品、多次分发、及时分析”。

二是在资源配置上的移动优先。在人力布局上，南都团队生产力整体向白班转移，向移动端转移，通过引导主力军上互联网这个主阵地，把优质内容、先进技术、专业人才、项目资金向互联网主阵地汇集，生产效率得到极大提高，传播效能得到极大释放。

三是在内容生产上的移动优先。南都新闻的讲述方式早已经超越了报纸媒体的图文报道阶段，用视频、音频、动漫、数据可视化、H5交互产品来讲述新闻的手法已经成为南都日常新闻内容生产的常态，也是内容传播竞争力的体现。如今南都每周生产的内容产品在移动端都稳定获得2亿以上的传播阅读量，南都官方微信长期处于全国媒体公众号排行榜前列。

二、用融合生产创造新形态新空间

在移动互联网传播时代，信息供给过剩和注意力稀缺现象已经成为主流媒体需要应对的巨大挑战。

南都在面临这个时代命题时坚持走内容供给侧改革的道路，敢于扬弃，敢于取舍，让优质原创内容生产成为南都移动优先战略中的核心要素，始终保持内容生产定力，不断扩大优质内容产能，通过创新话语表达来显著提升媒体的传播力、引导力、影响力、公信力。

在日常内容生产中，南都大幅压减了同质化新闻内容生产，果断放弃碎片化、浅表化、“炒冷饭”的内容，转而聚焦聚力于独家和深度内容生产，优化新闻表现形式和阅读体验。这在很大程度上提高了主流媒体的内容生产门槛，构筑了南都内容的独特竞争力。

南都智媒转型，媒体属性是基础，内容生产是根本。新闻生产与智库研究齐头并进、相辅相成。智库产品是对公共内容产品链条的延伸。好的新闻产品不一定是好的智库产品，但好的智库产品一定可以产生出好的新闻产品。

在公共新闻生产方面，南都深度调查坚持发挥好建设性舆论监督作用，坚守新闻报道的舆论监督公共价值，围绕党和政府明令禁止、人民群众深恶痛绝的问题开展舆论监督，通过参与社会治理，探寻问题解决方案，形成调查新闻的新范式。近年来在个人隐私保护调查、互联网黑灰产治理调查等系列报道中，南都的新闻内容报道彰显了敏锐的新闻判断力和高效的调查行动力，形成了促进行业规范发展和政策合规治理的影响力。

移动优先的内容生产并非忽略传统报纸内容生产，而是通过媒体融合的生产方式创造报网融合、报网互补的新形态和新空间。南都近年来历次报网端迭代升级，很多创新内容生产就来自融合生产形成的新品牌，同时，推出了南都人物、南都语闻、智库报告等特色版面，形成了精品阅读和深度阅读的内容特色，让决策参考阅读、居家亲子阅读、文化品位阅读成为报纸产品的新场景。

随着移动优先的深入推进，南都内容的话语表达方式不断创新，更加年轻态，更加有活力。南都官方微信的创意条漫系列已经成为深受年轻人喜爱的特色表达，南都指数推出的数据可视化动图系列不断拓展信息交互语境，视频内容生产正在成为南都的新赛道，航拍视频、VR和AR视频、动漫视频等正在成为南都全息内容生产的利器。这些新的话语表达方式是媒体与时俱进、保持传播生命力的关键。

三、建立媒体矩阵多渠道触达用户

媒体影响力的源泉来自对用户的有效触达和紧密连接，巩固强化媒体的舆论阵地，捍卫提升媒体的内容影响力，必须实现对用户的广泛连接和充分互动，这是“走好全媒体时代群众路线”的题中应有之义。

南都近年来构建起包括报纸、网站、新闻客户端、视频客户端、近百个社交媒体账号的立体传播格局，累计新媒体用户数1.67亿，形成多渠道连接、广范围覆盖、多场景传播的立体传播矩阵。

南都坚持移动优先策略，建设好移动传播平台。2020年9月23日，南都负责研发运营的N视频客户端正式上线启动。这款以年轻人为目标受众的产品致力于打造中国一流视频平台，是集团推动媒体融合向纵深发展、建设新型舆论平台、做大做强主流舆论的重大项目。为了以开放平台吸引广大用户参与信息生产传播，生产群众更喜爱的内容，建构群众离不开的渠道，N视频客户端正在构建拍客系统，形成更具规模和体系的用户内容生产渠道。

顺应万物皆媒的趋势，南都也在积极拓展媒体内容的展示渠道，赋予更多实体空间以媒体内涵，增加媒体品牌的线下入口，构建“线上全媒体、线下多场景”的立体传播格局。

通过线上全媒体和线下多场景，南都充分发挥了内容生产传播凝心聚力的重要作用。以2020年抗击新冠肺炎疫情的报道为例，南都推出《你们摘掉口罩的样子，很美》全媒体报道，并在广东省委宣传部及各市党委宣传部支持下开展“为最美逆行者亮灯”致敬行动，实现内容产品的多样化展示、多介质推送、多元化传播，在更大范围唱响了主旋律，凝聚起正能量，为打赢疫情防控阻击战，推进经济社会发展起到“强信心、暖人心、聚民心”的作用。

南都还及时联合广东省博物馆征集战“疫”纪念物品，联合筹办“众志成城——致敬抗疫者”专题展，引发社会各界高度关注和热烈反响，特别是邀请抗疫医护人员和前线记者到现场分享，组织展中人走进展览，生动诠释伟大抗疫精神。南都还联合省直机关和众多医疗机构开展党建活动，录制微党课和开学思政课，打造永不落幕的展览。

2021年11月7日，这组“最美逆行者”系列融媒报道获得了中国新闻奖融合创新一等奖，被评价为“为夺取抗疫斗争重大战略成果作出贡献”。

移动优先，让南都实现了从传统报纸媒体到移动互联网媒体的战略转型，在信息无处不在、无所不及、无人不用的全媒体生态格局中，形成南都独特的内容优势和传播优势。也正是通过移动优先战略，南都实现了流程优化、平台再造，实现了各种媒介资源、生产要素有效整合，在媒体深度融合中开辟出一条可持续发展的稳健之路。

第二节
媒体矩阵：从0到1，从1到N

没有强大的媒体平台作为阵地，很难正式宣示“主力军挺进主战场”。近几年，南方都市报在做大做强主流舆论阵地、形成新的融媒体传播生态环境、从发布型媒体向平台型媒体转变方面迈出了坚实的步伐。

一、打造“报网端微刊”传播体系

2020年9月23日，广东省委宣传部大力指导，南方报业传媒集团重点打造，由南都负责研发运营的广东权威视频平台——N视频客户端正式上线启动。这一旨在引领视频表达的华南范式、打造中国一流视频平台的客户端的上线，标志着南都在推动媒体融合向纵深发展、建设新型舆论平台的征程上迈出了重要的一步。南方报业传媒集团对这个全新上线的新锐、主流客户端寄予了很高的期望，希望通过N视频客户端进一步培育新能力、提供新服务、增创新价值，更好地服务全省中心工作，为广东实现“四个走在全国前列”、当好“两个重要窗口”作出更大贡献。

目前，南方都市报拥有1份报纸、1家网站、2个手机客户端、2种期刊、近百个社交媒体账号，形成了“报网端微刊”立体传播体系。

主报《南方都市报》，是以高端读者为对象，具有全国影响力的主流媒体。《南方都市报》创刊于1997年，主打广州、深圳两座中心城市，覆盖珠三角区域。经过20多年的发展，《南方都市报》从一张“小报”壮大成长为中国都市类报纸的领军者、传统新闻信息生产机构向数据智库机构转型的领跑者、中国报业最具影响力和最有价值的品牌之一，据2021年世界品牌实验室发布的《中国500最具价值品牌》分析报告，南方都市报品牌价值为515.39亿元，在榜单中位列第154位。

奥一网是南都官方网站，广东省十大新闻网站之一。奥一的域名“oeeee”，一个“o”、4个“e”，来自复合单词“omniscience-eye”的缩写，“omniscience”意思是无处不在的，“omniscience-eye”直译就是“无处不在的眼睛”。奥一就是“oeeee”的音译，意思就是“看见了一切”。2020年3月，南方报业传媒集团对奥一股权进行了回购，奥一网目前已成为南方都市报全资子公司。目前，奥一网拿到了采访资质，正由一家商业类的网站，向一个主流的新闻网站华丽转身。

南方都市报客户端是南都基于主流媒体专业生产能力和资源优势全力打造的资讯服务平台。截至2021年12月，南都客户端总装机量1545万，注册用户数671.7万，日活31.9万，用户遍布全国，主要集中分布在东南沿海及中部省区。广东省内的用户集中于广深，男性用户占比偏高，月收入水平集中于1万—2万元。

N视频客户端打造新型年轻态社交圈，致力成为广东最权威视频发布平台、中国一流视频平台。N是News，新闻及时发布、多屏传播；N还是New，以年轻人为目标受众，新锐主流、新鲜有趣，打造新型年轻态社交圈；N也是NanFang，N视频风起广东，潮涌湾区，是南方媒体基因下的传播能力迭代升级；N更是Niú（牛），以N种方式，实现N种可能，最终打造成为中国一流视频平台。N视频以N种方式打开世界。它生而不同，坚持技术赋能，完善服务生态，以自身迭代应对挑战，用品牌传播不断尝试出圈。截至2021年12月，N视频客户端总装机量633.5万，日活近30万，引进入驻账号超过15 000个。N视频客户端荣获2021年全国报业媒体融合案例优秀奖。

南都“两微”包括以官方微信公众号、官方微博、深圳大件事、咩事为代表的账号矩阵，总用户数超过2300万。其中，南都官方微信公众号粉丝达286万，长期在全国主流媒体中排名靠前。以2021年为例，南都微信矩阵总阅读量超过9亿，10万＋推文2909篇；南都官方微信公众号在2021中国经济传媒协会“新媒体影响力指数”TOP10榜单中位居第三名。南都官方微博是媒体蓝V，拥有超过1850万粉丝，日均阅读量超过640万。

NC.媒体矩阵
报刊
南方都市報
南都周刊
SE南都娱乐
客户端
南都
南方都市报
N视频
网站
奥一新闻
oeeee.com
NC.南都企业官网
第三方平台
南方+客户端
微博
公众号
小程序
头条号
知乎
视频号
抖音号
bilibili
快手
喜马拉雅
物联网
车机
智能音箱
智能穿戴
国产操作系统
基于 HarmonyOS 鸿蒙 deepin 的应用
南方都市报媒体矩阵图

二、形成分众传播分类覆盖新格局

从2005年试水互联网推出新闻门户网站奥一网，到2010年，开办微信公众号、微博，再到2014年推出自己的新闻客户端，再到2020年上线广东权威视频平台——N视频客户端，15年时间，南都的自有新媒体平台完成了从“0”到“1”（奥一网）、从“1”到“N”（N视频）的进化。至此，南都搭建了包括报纸、网站、新闻客户端、视频客户端、“两微”、两刊、近百个社交媒体账号的立体传播矩阵，并不断探索智能家电、智能音箱、车载设备等物联网应用，以及基于鸿蒙、deepin等国产操作系统的原生应用，逐步形成一体策划、一次采集、多元生成、多媒传播的融媒体新闻生产流程，形成分众传播、分类覆盖的新格局，壮大了主流新闻舆论阵地。

以N视频客户端、南都客户端、两微为代表的南都新媒体矩阵，正朝着推进内容生产供给侧结构性改革，确保主流媒体做大做强舆论话语权、主导权的目标砥砺前行。

截至2021年12月，南都各新媒体平台全网总阅读量超过300亿，日均传播量超过8200万，累计新媒体用户数接近1.67亿。

8200万+	22万+	300亿+	1.67亿	近2000条(次)	近1800条	近5000次
日均传播量	全年发稿	全网总阅读量	总粉丝数	被各类央媒转载	生成和参与热搜	在海外社交平台上获得转发、点赞

N视频客户端
截至2021年12月

633.5万	15000+	近30万
装机量	入驻账号	月活用户
35 871条	15 418条	47亿+
全年发布视频	原创视频	全网年总阅读量

南方都市报新闻客户端
截至2021年12月

1545万	671.7万	31.9万
装机量	注册用户数	日活用户
10万篇+	82.7亿	
原创稿件	全网年总阅读量	

微博矩阵
截至2021年12月

4136万+	121亿+
总粉丝量	年总阅读量

“南方都市报”主号

1850万	43亿+
粉丝	年总阅读量

微信矩阵
截至2021年12月

627万+	9.2亿+
总粉丝量	年总阅读量

“南方都市报”主号

286万	第5位
粉丝	清博综合排名

播客矩阵
截至2021年12月

9267条	360万+	1.3亿
全年发布	全网粉丝量	年总收听量

喜马拉雅	天猫精灵
38万+	322万+
粉丝	粉丝

视频矩阵
截至2021年12月

	抖音	
1600万+	646.9万	13.4亿
总粉丝量	粉丝	年总阅读量
	快手	
2万+	146.4万	14亿
发稿量	粉丝	年总阅读量

南都新媒体数据（截至2021年12月）

第三节
公共新闻：移动优先，重塑生产

近年来，南方都市报在智媒转型的道路上，以“移动优先”为指引，全面重塑公共新闻生产。具体而言，就是做到内容生产和发布“移动优先”，内容生产的主力军全面挺进互联网主战场。为了实现这一目的，南都将更多先进技术、专业人才、项目资金向互联网主阵地汇集，向移动端倾斜。

一、时政报道追求内容严肃，形式活泼

以京沪新闻中心为代表的高端时政报道，始终是南都的拳头产品。近三年来，从部委日常报道到国庆大阅兵、航空母舰下海、全国两会，南都驻京记者出现在各类重大时政新闻场合，始终坚持快速约访、快速发布，第一时间展示大国崛起姿态，提供相关政策背后权威解读，并通过图说、数据分析、短视频、动漫、H5等新的传播方式，做到内容上严肃、形式上活泼，被多个部委列入媒体报道的“第一方阵”。

二、适应传播特点，快评成为常态

作为传媒标杆的南都评论也作出了改变，针对互联网特点的“快评”成为惯例，介入公共议题时也始终将议题设置在一个更高视野。2020年10月2日，南都评论员敏锐注意到这个国庆长假与此前有很大不同，逐步回暖的经济，迎来新生的城市，一切都显示出勃勃生机。基于此，评论文章

《“迟来的春节”，永远的家国》当日刊发，引发广泛关注，阅读量超过300万。而在日常，南都评论更多将议题与内部课题研究紧密结合，适时点评已是常态，以期更好地发挥舆论引导力。

三、调查报道与课题研究深度结合

热点、调查报道是南都传统的核心产品，为南都带来过巨大的声誉。从2017年初“700元买行踪”调查引发全网关注，公安部、中央网信办先后作出回应之后，承担这两项报道职责的深度调查部（后更名为南都新媒体事业中心深度调查部），也在公共热点和调查题材的选择上主动求变。

一是大力砍掉同质化报道，尤其是通稿，改为由编辑使用软件抓取，同时派记者抓住真正能展示南都在场、体现舆论引导能力的热点，如泰国普吉岛沉船、河源垮桥和宜宾地震等，南都记者均第一时间到场，并打出文字、视频、直播报道等“组合拳”。二是从“700元买行踪”衍生的“个人信息保护课题”开始，调查记者逐步实现“课题化”，课题包括“互联网广告合规研究”“互联网黑灰产研究”“知产研究”“网络直播合规研究”等，操作方法则是让记者从该领域内动态报道到调查报道，再到测评报告，循环往复地深耕。由此，真正实现新闻与课题研究相辅相成，不仅生产出一批好新闻，也让新闻更有张力和渗透力。三是大力提升热点和调查记者的全媒体能力，目前这些板块的记者都会拍摄和剪辑视频，一个选题在操作前就设定好了最佳表现形态，快拍、快剪、快发，也为N视频客户端建设提供了有力保障。

公共新闻的策划能力，在2020年新冠肺炎疫情期间迎来爆发式展示。一组“最美逆行者”策划，从图片到海报，再到地标亮灯和策展，多部门、多工种都发挥出自身特长，同时也走出了传统媒体的单一表达困境，呈现出“线上全媒体、线下多场景”的特点。可以说，南都以一套新的公共新闻战法，有力刷新了品牌。

讲述

新型采编流程下诞生的“最美逆行者”

侯婧婧（南方都市报新媒体事业中心深度调查部记者）

2020年春节前夕，与我同部门的向雪妮哭着退掉回老家过年的车票，留在广州组织后方抗疫报道；除夕夜里，报社第一位特派武汉记者赵明离妻别子，随广东医疗队飞往武汉，南都的抗疫一线报道就此拉开帷幕。

一、前方勇敢“逆行”，后方精心设计

湖北抗疫前线的南都报道组成员虽分别来自不同线口，但都熟悉以移动端生产为主的采编流程。其中，钟锐钧一手持灯，一手举相机，在距离华南海鲜市场最近的汉口医院隔离病房外，拍下一组广东医疗队员刚下班脱掉防护装备时，脸上满是压痕、血痂、胶渍的特写照片，连同补充采访文字发给了胡群芳。

如此丰富的细节，和盘托出抗疫医护人员的疲惫和昂然。时间不等人，好的内容就是传播力，就是影响力。2月13日深夜，“最美逆行者”图文报道的先行版本迅速在南都客户端上推出；次日中午，10张由美编李毅然精心设计的人物肖像海报，随南都微信推文《你们摘掉口罩的样子，很美》完整发出，迅速引起广泛共鸣。到2月15日，这组新闻产品的多个版本已见诸人民日报、央视新闻、腾讯、新浪等逾100家媒体平台。

上级主管部门对此高度肯定，要求将该做法推广到全国。南方报业传媒集团揽下了拍摄广东医疗队2000多人的工作，计划进一步让来之不易的内容产品快速实现多样化展示、多介质推送和多元化传播。

二、多形态推策划，最终亮眼“出圈”

2月13日晚，“最美逆行者”组照刚刚面世，就显现出了“刷屏”劲头。南都创意互动部开始思索如何对该素材进行包装，实现二次传播。得

出的方案是，做一个可以集纳、更新、分享的“线上展馆”，展出南都前方记者拍摄的抗疫一线医护人员照片，由产品总监苏芬南搭档工程师麦毓轩来完成。在没有先例可依、需要从零搭建后台的情况下，他们只用了2天设计开发、2天内部调试，就于2月18日正式上线了这一以抗疫医护为主题的线上展览馆。这个名为“疫·痕”的H5发布后，很快得到各大新闻平台力推，后台服务器竟一度因并发访问量过大而宕机。

除了在互联网和社交网中传播，这一组新闻产品还有其他触达受众的可能吗？团队很快拿出方案：城市街头也能成为新闻的载体，“刷屏”之后可以“刷城”。2月15日上午，广州社区团队的郑雨楠开始逐一联系拥有LED屏幕的商城、写字楼、地标建筑的管理方。

2月17日晚，为“最美逆行者”亮灯致敬行动正式启动，由南都出品的医护人员肖像海报出现在猎德大桥、广州大剧院、正佳广场等城市地标建筑的30多个LED屏上。当夜，亮灯行动的实拍图片、视频回到线上传播，成了现象级传播爆款。

2月18日起，这场媒介事件的涟漪向珠三角、粤东、粤西、粤北扩散，至19日晚，广东21个地级以上市都已为“最美逆行者”亮起巨屏，总数

2020年2月17日晚上，广州猎德大桥为“最美逆行者”亮灯

达到了1000多块，同时迅速辐射全国，各地纷纷用灯光向一线医务人员致敬，一个新的传播格局建立了！

还可以更进一步吗？8月4日，由南都策划的“众志成城——致敬抗疫者”专题展在广东省博物馆开幕，主要展出的正是南都的优秀抗疫报道，多位从抗疫一线归来的南都记者客串了讲解员。这可谓是“移动优先”背景下，媒体成功运用原创内容进行的一次“破圈”尝试。

我在中央部委新闻发布会上提问

程姝雯（南方都市报京沪新闻中心副主任）

“谢谢主持人，南方都市报记者提问。”南都京沪新闻中心记者的声音，平均每周会在中央部委召开的记者会上响起2—3次。

南都的提问往往是接地气的大白话，有时还带着一点点尖锐感，力求问出公众关切、问到问题关键、问出专业水准，塑造南方都市报作为一家都市类媒体在北京独特又引人瞩目的形象。

一、南都问政，我们追问到了总理

2019年3月15日，全国两会总理记者招待会上，回答完记者提问的国务院总理李克强正准备离场。“总理，今年五一还会放小长假吗？”我干脆

南都记者程姝雯在2019年全国两会新闻发布会上提问

利落的短问题，让总理放慢脚步。他朝我挥挥手：“我们会让有关部门抓紧研究，充分听取大家的意见。”

按照早先公布的放假安排，那年五一只有1天的假期，引起不少网友的讨论。我的提问便源于网友的热议。

总理记者招待会后的第7天，《国务院办公厅关于调整2019年劳动节假期安排的通知》发布，假期调整为5月1日至4日，共4天。追问总理，落地见效，这成为“南都问政”的一个成功范例。每年全国两会期间，国办（包括总理）一直在关注公众的讨论和网友的留言，希望实现“民有所呼，政有所应”。而我恰恰问在了点上。

“南都问政”的故事还有很多，如新冠疫情暴发后，南都京沪新闻中心的记者又将国新办发布会、国务院联防联控新闻发布会作为工作的一个主战场，结合疫情形势、公众关切，频频提问，努力让信息跑在疫情的前面。记者们在日常与中央部委的跑线和沟通中，逐步搭建起与之对话的桥梁，相互建立了深入的联系。

二、高端访谈，疫情未中断对话

新冠疫情深刻影响了记者的工作方式：现场采访只能改成视频连线，甚至直接取消了。但南都京沪新闻中心的记者迅速调整，没有中断与中央部委的对话。我们搭建起“连麦”直播间，邀约各领域的专家学者、防疫部门官员做客，分享他们对疫情的观察和思考。

受疫情影响，2020年全国两会推迟到5月召开，缩小了对参会记者的邀请范围，我们迅速调整报道方案和采访提纲，提前启动两会的约访，准备了上百份有质量、有分量、诚意满满的提纲。

5月19日、20日，我们架设的“连麦两会”直播间正式开工，通过视频连麦，与代表委员畅聊他们的履职建言故事、发出两会声音。短短的一周多时间里，我们就完成了20多期高端访谈，推出数十个新媒体产品，不少成为爆款。

在一次次高端约访的过程中，我们积累了一批南都的“老朋友”。他们大多在某个领域躬耕多年，在访谈中从来都是干货满满，采访之余还会跟我们作一些交流和答疑解惑，让我们受益匪浅。

三、联名定制新媒体产品，南都为什么能？

在信息发布和传播十分快捷的当下，应打造怎样的时政报道产品？

如果将中央部委的信息公开看作“供给侧”、将公众对中央部委动向和政策解读的需求看作“需求侧”，那么抓住需求，发挥自身优势来补充供给，是我们可以进一步探索和尝试的潜力空间。于是，南都将公众感兴趣的议题、公众的疑惑传递给中央部委，同时也将中央部委的工作及背后用意，用大白话“翻译”出来。

借助南都“两端两微”的渠道优势和总部各部门、团队的技术能力，我们尝试用图说、数据分析、短视频、动漫、H5等公众喜闻乐见的方式，来呈现严肃的时政新闻。

2020年全国两会期间，我们制作的动漫短视频《170秒动画：你的一生跟民法典这1260条有多少次交集》和魔画《每个字都值得细看》成为当日爆款。其后，多家中央部委先后与我们联名推出定制款新媒体产品。创新的表达方式实现了叫好也叫座。

第四节
视频：N种方式打开世界

一个闪耀着光芒的短视频时代迎面而来。信息传播在变，新闻生产也张开双手主动拥抱改变。

面对变局，南方都市报不甘沉默。

早在2010年，南都就设立了音视频制作部，开国内纸媒之先河，生产多种形态的新闻音视频产品，实现了南都从单媒体到多媒介的转变，获得无数瞩目和赞赏。然而在从PC端转入移动端的关键节点上，我们没有紧紧把握住4G带来的机会，“起了个大早，赶了个晚集”成为很多人的遗憾。

一、“卷土重来”，N＋1计划登场

2017年，南都启动了N＋1计划。

N是南方都市报的“南”字的声母，N是News也是力量，而N＋1，是一种增量，是无穷求和，更是无限可能。N视频在2018年正式诞生，成为南都进军短视频和自我革新的号角。

3年多的时间，N视频实现了从无到有，从有到优的转变。经过市场的考验和洗礼，南都组建了“视频采集＋创意开发＋运营策划”的100人专业团队，最大程度确保了视频生产的专业品质，日均生产原创短视频超过80条，形成了i广东、N事件、小N监控室、路人甲、广角、N言N语等产品矩阵，已成为华南地区最强的新闻短视频品牌，并长期进入各平台的短视频排行榜单。

二、打破领地意识，推行采编全员拍

然而，这已经不是最好的时机。

新闻短视频是专业性与技术性的结合，但是传统媒体新闻人才结构单一，新媒体技术型人才严重缺乏。

2018年南都成立短视频工作室，通过内部转化、外部招揽、定向培养等方式迅速巩固人才梯队，并坚持以N视频作为全新和唯一的视频品牌，打破领地意识，推行采编部门全员拍、人均每月不少于3条短视频的制度性生产要求，不仅实现了观念上的转型，还促进了各部门互补效应和集约协同生产。

与此同时，还需要直面的问题是如何确定自身定位。是坚守新闻主业，还是转向商业视频，一度成为讨论的焦点。

很快南都作出了选择，明确了先打响品牌提升传播效能，再考虑商业服务效能的路径。视频团队制定了以热点动态视频为首攻方向，新闻人物短片和微纪录片齐头并进的策略，并将产品系列化、栏目化、IP化，从而避免了视频生产同质化倾向严重的问题。加上创意视频和动画制作，视频团队逐步在全国媒体的同题竞争和重复生产中脱颖而出，被上级主管部门称为“最具战斗力”的团队。

三、上线客户端，打造视频版广东发布

2019年8月，南都音视频战略入选《南方报业传媒集团中期行动计划（2019—2022）》标杆项目和重点工作，并提出未来3年，要通过音视频的带动，加大对VR短视频和智能剪辑的研究，在接下来的人工智能和5G时代，推动南都音视频走在行业前沿，逐渐建立对行业的主导权和话语权。

2020年2月，南都视频（N视频）平台项目获得广东省委宣传部项目立项，要打造一个以原创新闻视频生产为基础，覆盖华南区域的泛资讯、移动生活化的视频客户端。

2020年9月23日，N视频客户端上线。这是南方报业传媒集团在广东省委宣传部指导下，推动媒体融合向纵深发展的又一重大项目；是南方报业

深刻把握当下互联网传播特点，不断加强传播手段和话语方式，切实提高传播抵达率、精准度和有效性的又一重要探索。

N视频客户端定位为“视频版广东发布”，用视频呈现广东权威政务信息、民生政策，用粤语、潮汕话和客家话等方言传承岭南文化，用视频讲好广东故事、湾区故事、中国故事。N视频打造三大平台属性：一是年轻化平台，连接年轻人，以原创视频覆盖华南区域年轻用户；二是内容发布平台，连接各级党委政府部门，提供舆论平台，力邀政务号、媒体号、视频号等入驻；三是活动管理平台，连接商业资源，为营销活动提供多种接口，提供视频内容和技术培训输出。N视频建设七大核心内容板块，分别是：大美湾区、i广东、港澳传真、民生热点、N言N语、直播产品、创意视频。

广东作为媒体大省，近年来在媒体转型方面作出了诸多卓有成效的探索，随着媒体融合走向深入，广东有必要在传媒领域尤其是视频领域培育出展示“双区”建设的“主阵地”、影响港澳社会的“本土新势力”、全球化传播的“国家队”。作为南方报业建设高水平新型主流媒体的尖兵，N视频客户端不断优化创新内容生产和传播方式，以优质视频内容密集覆盖华南地区年轻用户，上线一年客户端下载量超过633万，引进入驻账号超过15 000个，视频化政务发布功能和社会服务功能显著提升，成为构建粤港澳大湾区舆论新生态的重要力量。

讲述

优质内容才能成为钢铁护甲

陈成效（南方都市报新媒体事业中心视频产品部主管）

该用什么词来界定N视频团队？“90后新兵”“大胆创新”，但“过分活泼”“不稳重”……这些都不足以进行充分定义，也无法阻挡短视频团队的成长，因为我们相信优质的内容才能成为钢铁护甲，有口碑的产品才能让我们拥有强心脏。

一、市场呼唤精品短视频

视频时代，新闻表达和传播以视觉化的方式成为消费主流，整个内容行业进入理性发展阶段。市场和用户不再无差别地接受短视频内容，内容的价值越来越受到重视，市场呼唤精品短视频。硬件催生了内容的革新，5G技术的到来，移动设备进一步更新，用户对高画质大视频有需求，有内容的长视频亦有市场。我们必须改革传统作业，实现“技术＋创意”的新模式，脚踏实地从原创内容、品牌影响力、技术创新做起。

一是坚持原创发力，重塑内容产品。视频迭代的风口即将到来，促使我们开始着手长视频的制作，5—20分钟的纪录片是最适合的产品。一方面纪录片本源与新闻采访更接近，团队有资源可以快速执行；另一方面，我们有信心生产的纪录片能在新风口期树立起江湖地位。《青年＋》《这个世界》栏目稳定更新，具备变现能力，将运营加入内容生产环节，将长片碎片化传播，扩大内容传播力。在现有新闻产品方面，尝试介入重大社会议题、深度调查专题，并通过拍客社群和爆料社群的运维，拓展优质内容的来源，增加独家新闻的供应。

二是做好高端定制，扩大品牌影响。在2020年的全国两会报道中，我们完成了AR虚拟增强视频、两会记者Vlog、两会热词动画解读、人大代表扶贫日记等多种形态的产品，展现了在高端定制内容上的生产能力。我们

N视频品牌产品“广角”系列

VR全景视频纵览特区40年之“深圳四十 鹏程万里”

推出具有网络传播特质的视频产品，能够收获可观流量和用户口碑。同时，定制内容的可行性会为生产注入新的活力，也能刺激形成品牌调性，获得内容市场和同行的认可。

三是推进技术革新，把握发展主动性。近两年的短视频市场争夺战，让各个平台迭代加速。视频产品将“先多后精”，接着展开软、硬件技术上的竞争。《关于加快推进媒体深度融合发展的意见》的发布，启发团队形成加大VR视频和智能剪辑的研究以在未来获得更大主动性的共识，也将使与外部公司合作开发VR新闻产品，并独立设定客户端中VR端口成为可能。除新闻类产品，VR也会更多应用于实验类和节目制作类板块，成为南都短视频推动生产技术革新的重要一步。

二、着力生产市场导向视频

正如N视频客户端的口号，“N种方式打开世界”，视频是一个帮助用户看见更大世界的工具、一个帮助用户传递信息的媒介。在未来，生产市场导向的产品、内容合作升级，将是我们的重头戏。

当前，商业短视频需求量越来越大，N视频将研发推出一系列更具市场导向的产品，让常态化短视频更有商业转化空间，为商业合作提供更多可能。未来，N视频团队将可提供包括内容定制、创意文案、视频制作、宣传渠道推广等多方面的“全案”服务，实现“生产—传播—变现”的商业路径。同时，还将主攻垂直领域，与报社各智库课题组合作，让地产、教育、医疗等板块成为视频变现的试验田。

此外，视频内容合作升级也被提上日程。采用新型的PUGC（专业用户生产内容）模式进行内容合作，基于N视频客户端，建设一个立足广东、辐射全国的视频平台。N视频客户端作为新锐平台，要进一步增强对技术环境的感知度，抢占视频技术的风口，将内容孵化、创意技术、版权运营等环节统一纳入平台。联合区域影响力媒体、自媒体和拍客，形成区域媒体交流合作联盟，在创意和技术等方面提供扶持，增强区域间媒体的影响力和创造力，实现新闻资源整合、传播媒介升级、盈利模式再造和内容生产模式创新。

第五节
音频：不走寻常路，听尽天下事

传统纸媒的转型，不少人习惯找一条自己最熟悉、最便利的路径。但结果是，转型真相并不在路灯之下，而是在我们的常规视野之外。

一、编辑记者变身为金牌主播

2018年12月底，南方都市报继开辟视频方向后，开始发力音频。提笔写稿的手要拿起话筒发声，外界对此的看法，更多是觉得南都在凑热闹、刷存在感。从打磨产品、筹备队伍到南都客户端音频频道上线，南都团队用了一个月左右时间。起步之初，坊间也有建议，南都客户端当时就有AI语音播报，把这个成熟技术运用起来，南都音频出来卖相也还可以。

“也还可以”？南都人字典里就没有这个词。南都人接到任务总是说“我试试看”，但内心总是想做到“最好”，这是南都集体自觉的内驱力。“投笔从戎”，一个个编辑记者变身成为金牌主播，对南都人而言不是熟悉便利的路径，这是自我颠覆、自我归零的创业之路。南都音频主播队伍多了这些名字：“湾姐”“芳姐”“南南”“嘟嘟”“七仔”“佳林”“三三”“玲玲”“肥然”“丽丽”“倩如”……这些主播的炼成背后，有数不清多少个节目脚本的重写，有数不清多少个凌晨时段的录制。有媒体同行对南都的评价是：南都人眼里有光，有“创业”的精气神。

融合就是转型，转型就是创业。时不我待，2019年南都音频完成了从“0”到“1”的突破，不到一年时间，南都音频领域全网络综合播放量就已经破10亿，粉丝数量突破10万。2019年，南都音频还发布了全国首个与媒体机构音频发展相关的智库报告。2019年底，南都发起的一场聚焦主流媒体音频发展的“声势大会”，业内音频龙头悉数参会，对南都音频的发展给予了高度评价。

二、实现头部音频平台全网分发

南都音频依托南都强大的内容生产团队，持续输出新鲜、热门、独家的音频内容。立足广州，放眼珠三角，聚焦国内外热点。自2018年底成立至2021年12月31日，南都音频共生产音频作品33 316条，全网综合累计播放量超46亿，10万＋音频稿数量接近8500条，全网音频订阅用户突破360万，上线42个垂直类音频产品。3年多时间，南都音频从种子萌芽到茁壮成长，现在南都音频已然落地“声”根，发展势如破竹。

在南都融合转型过程中，南都音频作为内容生产新一翼，成果非常抢眼。目前，南都客户端作为音频分发主阵地之一，设立专门的音频频道，用户可在南都客户端收听到南都音频的全网首发内容。此外，南都音频已实现头部音频平台全网分发，与长音频平台喜马拉雅、酷我以及天猫精灵智能音箱等平台建立了深度合作关系，南都音频是音频主流平台“霸榜”的“常胜将军”。喜马拉雅平台上700多万主播，媒体机构收听量TOP10榜单中，南方都市报排名第二，仅次于CCTV《朗读者》。在喜马拉雅巅峰榜中，南都音频长期稳居头条热播榜前三名。

与此同时，南都投身音频领域，已经融入并拥抱音频最新科技，目前是全国首批进军AI音频的媒体机构之一。2020年，“南都智能音箱微电台”成立，又成为天猫精灵上全国唯一综合资讯微电台。一分耕耘一分收获，2020年南方都市报获得天猫精灵官方颁发的语音头条年度“实力霸榜奖”，以及2020天猫精灵语音头条“粉丝深爱奖”。

三、年轻态是南都音频内容灵魂

如果说2018年底面世的是南都音频的“1.0版本”，2020年“2.0版本”的南都音频已经创造出更多新的玩法。年轻态是南都音频内容的灵魂。《DUDU猫教你讲粤语300句》音频产品，2020年11月12日正式上线，是南方都市报首档粤语音频课程产品。每天一句话，1分钟音频，逐词逐句拆解，让用户能利用碎片时间学粤语。目前已推出初次见面、问路、外出就餐等场景下的生活用语。照顾到用户的实用需求，节目还提供匀速、中速、慢速多种示范语速。粤港澳大湾区融合发展的大方向之下，南都音频也在做适配年轻人职场与生活的服务性产品。

拥抱5G时代带来的音频发展新机遇，南都音频计划打造行业领先的音频内容生产技术规范，依托新技术赋能内容生产，联动报社内部优质内容资源与全国头部音频平台资源，精准定位用户画像，满足用户定制化音频需求。

南都音频还计划与头部平台共建音频行业数据库，拓展版权合作，全面提高南都音频曝光率，提升南都音频品牌形象，将南都音频打造成广东知名、全国闻名，集创新性、服务性、年轻态于一体的综合性头部音频平台。

未来已来。南都音频，在5G时代奋力前行，与用户连接“声声”不息。

讲述

我们怎么做音频？

伍静妍（南方都市报经营有限公司副总经理、南都音频原内容负责人）

南都音频内容目前已经涵盖了资讯、评论、财经、脱口秀等多个类别。南都音频的众多音频产品，从无到有，从有到优，这条跨界之路其实并不平坦。

一、年轻态＋服务型＋趣味性

在音频产品的设计与包装上，我们坚持“走年轻态路线，做服务型产品，用趣味性传播”的原则。其中《南都名医大讲堂》、南都非虚构写作课就是代表。《南都名医大讲堂》通过“主播＋专家口播”的形式，为用户提供权威、科学及客观的健康科普知识。而南都非虚构写作培训课程则是一个为中小学生打造的写作成长平台，聚合优秀师资，提供别具一格的写作主题，鼓励学生自由表达、自主写作。

南都音频撕掉传统新闻标签，用“年轻态”理念打造音频产品，传播南都声音。以南方都市报老牌产品“社论”为例，在评论类音频产品的打造上，一改严肃评论风格，话题选取当下年轻人关注的热点，多角度展开评论，带出观点。

结合南都在智能音箱等渠道上的精准分发，我们创新性打造了“听数据·懂中国”系列数据脱口秀，适配不同城市，打造不同版本，选取本地用户关心的吃喝玩乐、住房消费等多方面的数据，满足用户信息需求，为用户的生活提供数据参考。

2020年南方都市报获得天猫精灵官方颁发的"语音头条"年度"实力霸榜奖"

二、新技术+新渠道+新玩法

南都音频坚持做"创新性内容"，在新技术和新平台的拓展上，也一直努力走在全国前列。在智能音箱领域，我们的产品矩阵初具规模。

2019年初，智能音响天猫精灵推出"语音头条"内容，镶嵌在智能音箱的"新型电台"应运而生。在与天猫精灵的深入合作中，南都音频丰富的音频产品和天猫精灵技术的碰撞，能充分满足用户不同场景的信息需求。这在国内主流媒体中并不多见。同年5月，南都音频栏目《南都音频早餐》入驻天猫精灵后，多次登上天猫精灵"媒体数据周榜单——用户最喜爱的节目周榜单"。

2020年，南都音频在天猫精灵上的内容全线升级为"南都智能音箱微电台"，成为天猫精灵全国唯一综合资讯微电台，全国用户只需要对天猫精灵说"南都资讯"，即可收听到《南都音频早餐》《南都名医大讲堂》《南都快讯》等王牌栏目。

三、AI合成主播+真人主播IP

在AI合成主播大热的形势下，南都的音频节目注重打造主播IP，强化主播人设，以增强用户忠诚度。以往用户选择新闻内容，会认准某个媒体，而音频新闻，用户则会选择主播。所以在音频新闻的生产上，主流媒体应重点考虑打造来自采编一线的主播IP，在内容里融入主播的人设，在音频新闻里加入点评和互动，主播的风格可以是在和用户聊天一样。

南都记者编辑变身金牌主播，背后经历了不少困难与曲折。以《湾区财富3分钟》为例，最初由南都首席编辑、人称“湾姐”的黄海珊和南都首席记者魏凯共同担任主播。其中“湾姐”就是这档节目最大的IP，在2019年广东省两会期间，南都音频就推出了音频栏目《湾姐说两会》，为“湾姐”IP作铺垫。“湾姐”一开始拿起麦克风还是难免紧张，表达从书面化走向接地气，也需要磨合与创新。《湾区财富3分钟》第一季下来，“湾姐”以对粤港澳大湾区独到的政经观察，圈粉无数。“湾姐”IP还衍生出了“湾姐朋友圈”社群等多个形态的创意产品。

《南都音频早餐》也是南都年轻态节目的代表作之一，主播由南都一线记者担任。他们结合记者自身的背景，通过用更加接地气的声音进行新闻播报，给用户带来亲近感、现场感和信任感。同时，该节目孵化出了男主播“南南”和女主播“嘟嘟”两个抽象化的IP。2019年全国两会期间，由“南南”衍生出的《两会你来说》备受用户好评。

第六节
创意产品：换一种方式做爆款

当前媒体融合如火如荼，尽管传统媒体为融合发展进行过多种尝试，希望借助新媒体弥补读者大量流失而造成的损失，但是，从国内外主流媒体多年的实践经验来看，简单地将平面媒体内容搬上新媒体的所谓融合不但没有带来“1+1>2”的预期效应，反而使传统媒体将大量内容资源无偿地“为他人作嫁衣裳”。这种模式持续下去，最终结果很可能是自己成为自己的“掘墓人”。

一、创意+传播，探索融合发展尖兵

在“人人都有麦克风”的年代，传统媒体在话语权竞争的诸多方面不占优势，越来越难以适应传播生态的剧烈变化。如果简单地将纸媒与新媒体技术嫁接，就以为融合大功告成，显然是幼稚的，在实践中也是难以为继的。必须强化互联网思维，从新媒体的传播方式、话语体系等规律中汲取养分，巩固和壮大主流媒体的话语权和影响力。

以互联网为代表的新媒体环境正在出现一种新的生态，新媒体语境也在形成中。在新媒体环境下，说什么、怎么说、通过什么渠道说，都需要摸索。新媒体交互、平等、开放的特点决定了我们不能简单地将过去一些传统媒体的习惯性做法，以“我说你听”的单向传输形式，直接搬到新媒体终端上。在新媒体的语境下，光有满腔热情还不够，要把握好时度效，把握好传播的科学性、艺术性和有效性。面对重大报道、主流宣传，谁的创意好，谁的产品交互新，谁的传播量就大，谁连接的用户就多。

在过去的4年多时间里，南方都市报坚持“移动优先”理念，应用前沿的数字传播技术努力创新、创意、创造，作了很多尝试，形成了条漫、魔画、小程序、轻应用、创意交互、创意设计、H5等较为完整的创意产品体系，“创意＋传播”已成为南都探索媒体融合发展的尖兵。

二、创意＋传播，爆款制造机

在创意传播领域，南都是较早重视并锐意实践的。早在2017年4月，南都就成立了创意工作室，接着成立NDX实验室，2019年成立创意互动部，2020年，又成立南都创意中心。创意工作室成立伊始，团队就在思考，新媒体时代，什么样的内容才是受众喜闻乐见的？好内容如何做得有意思？图文是否已经失去生命力？H5如何破圈？表情包如何为主流媒体所用？新闻操作是否也可以工具化？团队的工作始终围绕一个中心，那就是做爆款！持续地做爆款！

围绕“换一种方式”做内容，团队用创意赋能，用技术加持，做了大量探索。比如从2019年年中才开始打造的南都条漫产品，专注打造爆款内容，南都成为华南第一家成功稳定输出条漫产品的主流媒体。

同时，团队不断用技术加持自我创新，尝试音频、滑动交互、测试题、点击可见、SVG（可演放矢量图形）动画交互等多种交互方式和技术流玩法，进行标题、漫画风格的创新，打造不同的交互体验形式，使条漫的表达形式更加鲜活，力求带给用户新鲜体验。目前已经孵化出“粤爱”“人间”“城事”“节点”四大产品系列。

再比如专注研发新产品的NDX实验室，2021年就制作推出210件创意传播产品，全网总阅读量超过50亿。所策划的主题涵盖了国家级各种重大事件的报道（如全国两会、抗击新冠疫情、海军建军90周年、国庆70周年阅兵、香港止暴制乱报道等）、日常各种重要节日（如妇女节、劳动节、教师节等），还有报社的各种重大活动。实验室同时持续探索各种新产品、新能力。目前已然成型的产品线有热点站站队、嘟嘟君、小南课堂、魔画、H5、轻应用、数据可视化等。

还有南都智媒中心，用直观有趣的漫画科普健康小知识，建立垂直健康领域条漫IP《漫说大健事》。栏目邀请深圳知名权威医生专家为内容做专业指导。用时下热门的条漫、交互等手法，换一种方式包装健康类新闻。策划护士节条漫《别叫他们服务员了，求你》、医师节条漫“寻找我的救命恩人”系列，《漫说大健事》专栏已实现较高的变现能力，医疗客户乐于与南都共同创作并植入自己的信息。

换一种方式，内容再造，创意传播。这是一个经过反复证明的“爆款利器”。

讲述

条漫：搞搞新意思

李阳（南方都市报编委、创意互动部总监）

2019年初，条漫正火。但几乎没有主流媒体涉足该领域。创意互动部成立后，条漫便成了第一个成功出道的“练习生”。同年五一假期，我们策划了4期交互性创意图文，“左拉右划”显示隐藏内容，让用户们津津乐道。条漫产品受到热捧，成为10万＋爆款，用户给了我们机会，那客户呢？

一、条漫成为新媒体广告新爆点

彼时南都新媒体广告已进入平缓增长期，而条漫广告已被很多用户接受。我们判断这可以成为南都官微广告的一个新爆点，开始积极营销。

一家汽车制造商和一家旅游集团成了我们条漫产品的头两个客户。2019年5月，两条商业条漫《“后悔了，我为什么要花钱做这事”》《“去，问你妈妈”》双双走红，分别用了2小时和4小时获得10万＋的阅读量。这家旅游集团后来反馈：南都这条创意条漫，是他们在2019年所做的最有趣、最棒的广告。

为庆祝经济特区建立40周年，我们策划地域文化条漫《在珠海，千万别得罪人》，阅读量超过40万，不仅创下了单条南都头条广告位42万元的纪录，还受到了珠海政府、媒体界、各业务部门的一致好评。

“新媒体＋新载体”的深度融合，带来了良好的社会效益和经济效益。2020全年，我们共策划制作创意条漫237条（阅读量10万＋的有150条），其中广告条漫117条（阅读量10万＋的有84条），创意定制内容累计拉动营收1700多万元。截至2021年12月，我们共制作发布400多条条漫内容，全网总阅读量超过35亿。

二、从试水、联动、深耕到再创新

最初，我们主要集中在节日节点和商业创意上，并没有想到用条漫来包装新闻报道。2019年年中，全国各地的高空坠物事件正被热议，产品经理决定做一篇条漫报道。我们虚构了一栋“丑陋的楼”，将收集的真实案例、法律法规、呼吁倡议都糅合进去，首篇试水社会新闻类条漫《希望这栋丑陋的楼里没有你我》阅读量超过30万，人民日报等主流媒体公众号纷纷转载，全网阅读量超过1000万，奠定了南都新闻条漫“用条漫介入公共事件，用条漫参与公共治理”的风格。

好内容、好产品也要做好传播。与知名媒体联动，使南都的优质内容、产品出圈出彩。2020年4月22日世界地球日，我们策划制作《地球给你发了一个警告》公益条漫，同步联动央视网等18家主流媒体首批转发，一天内微信传播覆盖279家媒体，主动转发媒体261家，全网阅读量超1000万。2020年11月25日国际反家暴日，我们联合中央政法委、人民日报等机构和媒体，发布条漫《我不想再在热搜里看见她》，通过媒体联动获818家媒体“自来水”式主动转发，推出当天全网阅读量超5000万。

此外，我们还推出一系列关注社会时事及公益倡导类条漫，深耕社会

部分条漫作品

公益舆论监督领域。《少年的你》热映期间，我们推出反校园暴力的公益条漫《“看什么看”“再看你也等着挨揍！”》；新冠疫情期间，我们推出宣传公筷文明的条漫《“不就多双筷子的事吗？”》。小伙伴还将真人与漫画场景相结合，制作出颇具特色的“魔画”《广州南站，你是真的难》，迅速海量传播，用户们挤爆留言区。

三、再来点不同

风口过后，不少条漫公众号进入瓶颈期，南都条漫也在不断求“变”。尽管“技术”不是传统媒体的优势，但我们在交互体验方面也颇下功夫，以求充分展现条漫的魅力。我们在条漫中融入滑动叠加、gif（图形交换格式）、点击答题等，增加互动趣味性。2019年中秋节条漫作品，我们把来自太空的声音植入其中，让人耳目一新。

我们用创意赋能，用技术加持，逐渐构建了独具特色的南都创意产品体系，形成了差异化竞争的核心能力。条漫产品作为南都创意传播的一环，形式并不是最大的利器，扎实的内容、对用户的理解以及创新进取的“不服”精神，才是成功的秘笈。

2021年上半年，我们在主题宣传、抗击本土疫情和建党百年等领域发力。广州新一轮本土疫情期间，我们制作了包括22期0点短漫剧场、图知道及思维导图在内的大量创意产品。漫画海报获广东省委宣传部和广东省卫健委联名，在省内大范围展播，“广州人上点心”打气系列、“宝体”抗疫情话系列获三大央媒加持。

本章统筹：刘岸然（南方都市报编委）

第六章

数据优先：构建智媒研究新能力

第一节　用数据说话＋用数据治理＋用数据服务

第二节　协同共治：用数据辅助决策赋能治理

第三节　行业研究：做最懂行业的智库媒体

本章看点

- 如今，“爬”数据、建模型、制图表、写报告，已经成为南都很多课题团队不断拓展的新能力，是大数据时代南都“斜杠”新闻人的技能标配。

- 大数据是未来经济的石油，南都就是要在大数据时代中钻探出源源不断的油井，激发大数据时代的澎湃动力。

- “南都擅长给别人‘找碴’，我想请南都专门为广东‘数字政府’改革建设工作‘找找碴’。”

- 南都大数据研究院的很多课题项目正是促进行业数据的潜能价值发掘，用数据洞察行业趋势，用数据构建评价体系，用数据赋能行业创新。

- 从发现问题到探讨问题，再到提供问题的解决方案，带着新闻人特有的敏锐判断和调查精神，形成新闻驱动和研究驱动互为补充、相辅相成的研究特色，正在让南都成为最懂行业的智库媒体。

第一节
用数据说话+用数据治理+用数据服务

南方都市报智媒战略中的“数据优先”找准了大数据时代的核心资源，让数据充分发挥量化、测评、服务和监督作用，让城市治理可量化、可比较、可感知。

通过“数据优先”战略，南都内容生产从新闻报道到研究报告，从动态信息到深度观察，从内容传播到辅助决策，一种新的智媒能力正在不断构建，内容生产的思想密度和服务能级正在显著提升。通过“数据优先”战略，南都正在成为行业趋势的洞察者、美好生活的测评者、城市治理的共建者，为建设社会治理共同体贡献智库媒体力量。

一、用数据驱动转型

在大数据时代，数据的丰富度和颗粒度都达到了前所未有的程度。从广义的角度来看，人类生产生活产生的所有信息都可以纳入数据的范畴。但分散零落的数据只能是微不足道的“沙粒”，只有汇聚融合并经过研究分析的数据才能淬炼成金。

南都人在转型过程中，主动拥抱数据，积极运用数据思维观察思考问题，创新应用数据工具处理加工信息。南都在全国媒体中率先成立数据新闻工作室，很早就开始成建制、成规模地进行数据新闻探索和数据产品研发，形成了独具特色的数据可视化和数据交互产品。

南都智媒在打造智库研究能力过程中十分注重发挥数据的战略驱动作

用，以南都大数据研究院为例，自成立之初就明确提出以数据生产为核心，以行业标准制定为抓手，主动将自身纳入国家治理体系和治理能力现代化建设，致力成为区域和行业治理链条上的一环。

探寻数里乾坤，描摹万千气象。如今，“爬”数据、建模型、制图表、写报告，已经成为南都很多课题团队不断拓展的新能力，是大数据时代南都“斜杠”新闻人的技能标配。数据让我们的内容出品不仅知其然，还知其所以然，不断挖掘数据背后的增量价值。

从数据到信息，再到洞察和判断，在南都的新闻报道和智库研究中，数据不再是冷冰冰的符号，而是成为更有温度、更有力量、更具价值的资源。传递数据温度、彰显数据力量、激发数据价值是我们在“数据优先”战略中不断强化的战法和技能。

二、用数据辅助决策

当前，大数据战略已经上升为国家战略。习近平总书记强调：“要运用大数据提升国家治理现代化水平。要建立健全大数据辅助科学决策和社会治理的机制，推进政府管理和社会治理模式创新，实现政府决策科学化、社会治理精准化、公共服务高效化。”

用数据辅助决策，用智媒赋能治理，在“数据优先”战略引领下，南都在政府和行业治理中构建起智媒服务的新价值。可以说，大数据时代为协同治理提供了前所未有的条件和契机，通过数据激发治理效能成为这个时代赋予智库媒体的重要机遇和关键抓手。

连续多年发布的“广州城市治理榜”开媒体用数据测评和发布榜单的方法赋能城市治理的先河；对个人隐私保护问题的持续关注和测评，让南都不仅成为个人隐私安全的守护者，还成为数据安全和行业标准的共建者；对新零售、新消费领域的数据分析，让南都得以洞察数字经济背后的市场趋势。

上述这些实践课题得以成功推进，依托的重要研究基础就是数据资源的汇集和应用。南都会根据垂直领域特点和课题研究需要建立垂直领域数据库，全面采集相关数据资源。数据来源主要包括：一是政府部门数据，既包括政府主动公开的经济社会数据，也包括根据课题需要申请公开的数据，随着政府数据开放和共享趋势成为共识，这方面的数据资源利用还有很大空间；二是网络数据采集，在大数据时代，互联网产生的海量非结构化数据可以通过采集、清洗、建模、分析充分利用起来，特别是基于机器学习构建的数据智能分析技术可以为新闻和课题带来更高效率的数据采集和应用；三是民调数据和体验测评数据，南都有成熟的线上线下民意采集渠道，通过民意调查开展数据采集，为相关课题提供调研数据和决策参考，同时来自独立第三方的体验测评数据也是我们很多课题研究的标配；四是合作机构数据，在确保隐私和安全的前提下，通过数据资源的流通和汇聚开展课题研究。

目前，南都建立了187个数据库，累计归集数据规模达到80亿量级，建立了350多个数据分析模型，充分支撑了课题项目的研究。通过数据的采集、分析和测评，南都的智库课题项目深度融入城市治理和行业发展，助力企业合规建设。比如，南都鉴定评测实验室打造的南都优选数据库，通过数据沉淀、算法分析和消费推荐在更多消费领域发布评测榜单，成为助力消费升级和美好生活的优选指南。再比如，通过实地采访、民意调查、数据采集等建立药品合规数据库，在此基础上形成的研究报告直达主管部门，提供意见建议，同时也形成了多个爆款新闻引发社会广泛关注，被人民日报等中央媒体转载，登上新浪微博热搜，引发行业高度关注。

三、提升数据话语权

随着数字经济迅猛发展，政府数字化、企业数字化、社会数字化进程加速，数据已成为重要生产要素，具备战略资源属性。数据不再仅有描述现实的作用，还可以服务现实生活，优化资源配置，开展监督测评，提升城市效率，激发城市活力。

南都大数据研究院正在紧紧围绕数据资源的采集和利用，进一步加强数据思维和产品思维，不断拓展智媒服务应用场景，提升数据话语权。

南都大数据研究院的课题积极融入数据产业，参与数据治理，在数据要素的汇集、流转、开发、利用等方面提供南都智媒服务，已经逐步构建起以数据测评、数据服务、数据治理、数据生态为依托的四大业务矩阵。

南都大数据研究院是这样理解和构建基于数据的业务矩阵的：

数据测评——建立标准，以评促建，开展政务服务“好差评”，量化城市服务感知度，传导公众期待，达成治理共识，为城市高质量发展注入新动能。

数据服务——融入产业，链接资源，深耕垂直领域，激发资讯价值潜能，延伸服务场景，服务美好生活。

数据治理——推进共享，助力合规，打破数据壁垒，推动跨界融合，激发城市活力，平衡效率和风险，捍卫隐私与安全。

数据生态——构筑平台，精准触达，打造智媒时代的知识图谱和用户圈层，融入数字政府、智慧城市发展格局。

《关于加快推进媒体深度融合发展的意见》明确提出，各级党委和政府要支持主流媒体参与电子政务、智慧城市等领域信息化项目建设，开发社会治理大数据，优先发布重大信息、重要政策，共同促进国家治理体系和治理能力现代化。

要充分把握媒体融合转型发展机遇，在城市公共服务迭代升级中，在智慧城市建设中，在超大城市全周期管理中，打造智媒服务的核心竞争力。2020年南都成功启动了首届广州白云数据创新应用大赛，智慧城市应用度课题深入连接智慧产业。对数据应用场景的发掘以及对数据资源开放利用的推动将成为南都融入数字政府和智慧城市建设的重要渠道。

大数据是未来经济的石油，南都就是要在大数据时代中钻探出源源不断的油井，激发大数据时代的澎湃动力。

第二节
协同共治：用数据辅助决策赋能治理

党的十八届三中全会首次提出推进国家治理体系和治理能力现代化。随着经济社会不断发展，区域和行业治理对公共决策的前瞻性、针对性、有效性要求越来越高，如何破解经济社会发展进程中的痛点和难点问题，如何提升政府部门的决策质量和政策推行效率，如何发挥智媒的决策参考价值，都成为新时代提升政府部门治理能力的关键。

在这个过程中，智库媒体的研究能力和服务价值脱颖而出，南方都市报一直以来形成的敏锐观察和深度调研精神成为构建智库媒体协同共治能力的关键——通过敏锐的新闻嗅觉发现问题，通过严谨的调查研究探讨问题的解决方案。

一、最会“找碴”的南都很受地方欢迎

“南都擅长给别人‘找碴’，我想请南都专门为广东‘数字政府’改革建设工作‘找找碴’。”2018年初，广东省政府有关负责人在和南都课题团队讨论数字政府课题建设的时候，一语道出南都参与这个项目的价值。

“找碴”是发现问题的能力，找得准不准，找得是否及时，体现的是对社情民意的体察能力。南都作为智库媒体必须坚守住这份敏锐性和洞察力。

“找碴”是为了推动问题的解决，为了助力政策的有效实施，在确立和推进政策实施过程中，政府部门需要借助客观独立的第三方来评价政策成效，督促政策落实。政策落不了地，政策执行不够实，都需要来“找找碴”。

在数字政府建设过程中，南都通过民调问卷广泛收集市民和企业对数字政府办事服务能力的期望，通过举办内测会精准开展数字政府产品的用户体验调研。

以往政府部门内部考评影响因素很多，结果区分度和驱动力都难免出现打折扣的现象。而智库媒体的第三方测评正在成为政府部门抓落实、促工作的重要抓手，成为改革施政的“新治理工具”。

二、发挥协同共治价值离不开四种能力

南都智媒开展智库课题研究和智媒服务的优势主要体现为四种能力：

第一，南都保持的对时局时事和政策走向的敏锐判断能力。南都要做最懂政府的媒体，围绕中心，服务大局，对经济社会发展的时代背景和机遇挑战有深入的理解和精准的判断，这是媒体智库的新闻属性所具备的天然优势。南都是国内第一家建立湾区工作室的媒体、第一个生产音频智库产品的媒体、第一个在广东用指数测评开展区域协调发展研究的媒体。还有很多领域的“第一”都得益于南都智媒对政策的敏锐察觉和快速响应。

第二，南都构建的多元渠道民意采集能力，对社会舆情和民意观点形成分析能力。曾经的呼叫报料中心在转型中构建起民意调查职能，有效支撑起高频率和广覆盖的民调研究。全网大数据的采集和分析，构建起支撑研究的数据积累。

第三，南都课题研究的深调研能力。课题建设必须接地气，通过调查走访深入基层，采集一手信息，提供决策参考。围绕校外培训和在线教育快速发展中出现的违规操作和行业乱象，南都教育联盟课题组的记者卧底暗访，收集问题形成报告向教育部门反馈。广东在区域协调发展中作出沿海经济带的重要部署，南都区域协调发展课题组的记者深入沿海经济带的产业平台，深入调研。

第四，南都的广泛连接能力，可以形成信息传导闭环，有效连接政策制定端和政策需求端。智库媒体可以通过强大的传播渠道精准有效地宣传推广政策，提高政策认知度和认同感。粤港澳大湾区建设这一国家战略提

出以来，南都的大湾区工作室坚持第一时间解读，第一视角发声，收集企业家和投资者的心声，形成多份湾区观察报告。

三、发挥协同共治价值的三种渠道

《关于加快推进媒体深度融合发展的意见》中明确提出，探索建立“新闻＋政务服务商务”的运营模式。南都智媒通过课题研究和智媒服务精准响应公共治理需求，创新“新闻＋政务”的智媒应用场景，探索了智库媒体发挥协同共治价值的三种渠道。

通过治理渠道，南都不断拓展治理参与维度，搭建治理平台，汇聚治理共识，推动治理进步，推出的“广州城市治理榜”、区域营商环境研究等代表课题和特色栏目，不仅能够发现问题和差距，还能够进一步探求问题的解决之道，展现出智库媒体独特的研究力和服务力。

通过指数渠道，南都在研究领域构建评价体系，形成独立第三方观察视角，成为公共政策评估的重要参考。在全民阅读、区域发展、科技创新等领域，指数产品可以多维度反馈研究成果，已经成为南都数据产品的典型代表。接下来，南都还将不断构建更多垂直领域的评价体系，用评价权构建话语权，用话语权提升影响力。

通过咨询渠道，南都智媒充分运用民意调查、案例调研、创意传播等特色产品，为公共治理提供定向咨询服务。政府部门可以充分用好智库媒体的连接作用，搭建城市治理的共建共治共享平台。

讲述

广州城市治理榜：用测评助力城市治理

赵安然（南方都市报省情新闻部原内容总监）

自2014年起连续发布多年的“广州城市治理榜”，从第三方评价到实际参与，以巨大的影响力见证和推动广州城市治理进步。该研究产品2019年荣获首届中国城市治理创新奖，目前已成熟构建城市治理评价维度和相关数据库、案例库，并以南都治理观察团的形式不间断开展城市治理调研和学术研讨。该产品也在广东其他城市复制落地。

一、缘起：一次部门拓展的房间“密谈”

2013年夏天，南都广州新闻部部门拓展，时任分管编委和记者刘军住一个房间，在聊工作时突然问起：“你觉得，我们做个榜单，测评一下政府工作怎么样？”随后，他开始描述榜单构想：用数据来展示政府各领域工作开展的情况，希望用榜单排名的方式助力政府工作进展。

据刘军回忆，那是他第一次听到治理榜的雏形。这项听起来似乎不可能完成的任务，事实上并非天马行空。

2013年11月，党的十八届三中全会首次提出推进国家治理体系和治理能力现代化。“治理”所包含的协同共治的理念，为包括智库媒体机构在内的社会各界参与城市治理和社会治理提出了新命题。

当年年底，“广州城市治理榜”作为部门冲刺项目重点推进。第一年的榜单围绕公共治理体系设计，包括行政透明度榜、财政透明度榜、经济发展榜、生态环境榜、反腐廉政榜、改革行动力榜等六个榜单。评价对象确定为广州各区（市）和各市直部门。可以看出，这个评价体系的构建传导了新的城市治理预期。

二、转变：政府数据开放与记者编辑观念

我们每年做榜单都会遇到各种各样的困难和挑战，其中一度最困扰我们的就是数据获取。

可以说，治理榜的数据采集过程有助于地方政府部门的数据公开共享，许多曾经无从寻觅踪迹的数据在榜单评价过程中被精准发掘出来。榜单获得越来越多政府部门关注和认可后，每年到编制榜单的时候，很多政府部门会主动对接数据需求，政府信息公开正在成为新治理理念，得到更有力的实践。

另一方面，做榜单不是记者、编辑的传统工作，需要从新闻采访写作上升到研究层面，记者、编辑观念是否能“扭过来”很关键。

而南都人敢于创新、敢啃硬骨头的精神在推进项目攻关过程中发挥了重要作用。第一年做“广州城市治理榜”的时候，刘军有一段时间吃、喝、睡全在办公室。每年整个团队研究制作榜单的那两三个月，很多人都经历过这种拼尽全力的状态。

对编辑而言，近两年，编辑工作前置，榜单建构、结果分析全过程，他们都参与进来。

2021年11月12日，南方都市报广佛新闻部主任、省情新闻部主任裘萍代表广州城市治理榜课题组作《韧性城市建设之广州实践》报告

三、前行：有生命力的榜单有永不满足的目标

“广州城市治理榜”的生命力来自于永不满足的自我超越。寻求自我突破、自我创新是治理榜项目持之以恒的原则。

治理榜走过的七年中，每年都寻求创新和更深度的挖掘。如今榜单体系已经拓展到12份子榜单，建立起更丰富的观察测评维度。

南都还组建了城市治理观察团，邀请广州市人大代表、政协委员、专家学者、热心市民加入观察团，围绕城市治理的热点话题开展专题调研，举办公众论坛，探寻治理之策，提炼改革创新的“广州经验”。

治理榜的一些榜单评价标准，逐渐被纳入官方考评体系，同时榜单延伸的智库服务正在为政府部门解决治理中的实际问题。

治理榜还在不断求变、不断创新中成长。

第三节
行业研究：做最懂行业的智库媒体

在数字经济时代，行业发展日新月异，商业模式推陈出新，互联网平台经济在做大规模的同时也面临着成长的烦恼。近年来，伴随互联网平台发展涌现出的问题层出不穷，人们越来越意识到个人信息保护、未成年人防沉迷、网络内容生态治理等问题的重要性和紧迫性。

数据是数字经济的动力之源，善用数据是数字经济合规建设和互联网平台健康发展的必答题。南都大数据研究院围绕新经济新业态开展行业治理研究，构建起智库媒体的新型研究能力和服务价值，与监管部门和企业形成合力助力行业规范发展。

一、发挥数据的调查力和监督力

媒体是社会发展的瞭望塔，也是社会良知的守望者。南都转型不忘初心，从问题入手，用数据监督，让新闻调查和课题研究互为补充，及时发现数字经济发展的行业短板和合规漏洞。

在实践中我们深刻感受到，行业研究类课题要坚持问题导向和需求导向，切中社会发展的热点、焦点、痛点问题。在行业治理领域，南都个人信息保护研究和新经济企业声誉榜项目，建立起垂直领域的专业数据库，聚焦新经济新业态领域发展面临的行业痛点和难点问题，充分发挥数据监测的决策辅助作用，通过课题报告深度融入行业治理，参与建立和培育有助于市场健康发展的行业规范和理念共识。

为了研究互联网个人信息保护问题，南都测评了2000多个APP；为了监测新经济企业声誉变化，南都入库20亿条数据；为了净化网络内容生态，南都在国内率先开展了网络青少年模式量化测评。

2020年以来，南都陆续对一些互联网商业平台的涉黄现象作出调研，并形成报道。南都网络内容生态治理研究中心推出“青少年网游之患”专题测评调查，挖掘网络游戏中的不良信息，探讨综合治理之路。被监督企业高度重视相关问题，立即采取整改举措，可以说课题研究密切的监控和精准的测评，切实发挥了监督作用。

南都在互联网内容生态治理研究中的工作成效获得主管部门和社会各界高度认可。南方都市报因此获得了2020年“全国‘扫黄打非’先进集体”称号。全国共有8家媒体单位入选先进集体，其中，南方都市报是唯一入选的地方媒体单位。

二、在大数据时代释放数据价值

在数字经济时代，数据具有非同寻常的战略价值，正在成为驱动经济社会发展的重要力量。中国科学院院士、大数据专家梅宏教授指出：“数据治理要以促进数据利用，释放数据价值为根本目标。”

南都大数据研究院的很多课题项目正是促进行业数据的潜能价值发掘，用数据洞察行业趋势，用数据构建评价体系，用数据赋能行业创新。

南都新零售研究课题就是充分利用互联网电商数据，分析消费趋势和行业走向，在新消费领域成为最懂市场和消费者的智库媒体。

依托南都鉴定评测课题，南都在制造业领域连接供需两端，收集分析消费者的用户体验和消费评价数据，通过行业研讨和质量榜单发布，南都正在探索形成消费评价对质量提升的驱动作用，用大数据帮消费者筛好货，用大数据帮制造企业探查市场需求，让企业更好理解和满足用户需求。

三、为行业提供趋势研判和决策参考

回顾近四年来的南都课题内容出品，很多人会发现有不少和传统新闻操作完全不一样的场景、概念和表述出现在南都的公开报道中——对新经济企业建立声誉监测数据库，南都课题研究员走上智库论坛发布讲台；个人信息保护研究中心研究员面向互联网公司隐私政策制定者开展培训授课；全民鉴定让消费者参与质量共治，南都课题研究员组织消费者开展室内空气质量鉴定评测……这些新场景还有很多，这些新产品已经成为智库媒体内容生产和服务供给的新常态。

通过数据赋能，南都智媒在行业研究中还将不断拓展新场景和新服务，为区域和行业发展提供趋势研判和决策参考，形成信息资讯的深加工和精加工，打造智库媒体的新能力和新价值。

从发现问题到探讨问题，再到提供问题的解决方案，带着新闻人特有的敏锐判断和调查精神，形成新闻驱动和研究驱动互为补充、相辅相成的研究特色，正在让南都成为最懂行业的智库媒体。

讲述

网络信息内容生态治理：体检＋治病＋监督＋建设

邹莹（南都大数据研究院副院长）
张雨亭（南都大数据研究院数据研发部研究员）

着眼网络信息内容合规，通过数据测评、深度调查、行业分析、主题研讨等方式，持续观测平台内容生态治理水平以及青少年保护现状趋势等，并连接各方“智慧大脑”，发挥媒体协同共治之责，传导以优质内容为核心的发展理念，促进行业健康前行，营造向上向善的社会文化环境，南都网络内容生态课题组历经两年发展，逐步形成形式多样的产品，受到各界广泛关注与认可。

一、率先开启“青少年模式”量化测评

南都对“网络内容生态”的把脉，起源于一次“协同治理”的尝试。

2019年1月，国家网信办启动为期半年的网络生态治理专项行动，“未成年人网络保护”受到重点关注。

紧追热点，课题组迅速确立角度——观测21家视频平台青少年模式的“限制严格度”。

经过测评调查，我们的最终结论与观感相符：在部分平台，即便开启青少年模式，推荐的内容也偏向成人化，有的甚至能搜出软色情内容。

作为唯一对青少年模式量化拆解的测评调查，报道一出即中，触动部委。针对“青少年模式”这一新的治理产物，南都的报道为其系统评估、持续监管提供了思路。

接下来的半年中，课题组形成多份深度观察报告，呈递监管部门辅助决策参考，并建成“视频、直播平台青少年防沉迷”评价数据库，引导平台优化。

向阳花木易为春。从报道到报告，南都网络信息内容生态治理研究就此开启为主管部门提供社情研判和监管治理的研究之道。

二、稳准狠直击直播平台“软色情”

2020年3月，《网络信息内容生态治理规定》施行，重新定义了网络生态治理链条中的主体角色。政府、企业、社会和网民成为基于共同利益和目标的亲密伙伴。

“思路必须转！”课题组成员确定了方向：体检，治病；监督，建设。

首先，有节奏地开展个案调查。我们希望通过高频率、大范围的取证，总结出规律，揪出直播平台软色情表演背后的链条，帮助有效治理防范。

6月14日，课题组推出《直播间“软色情”明码标价，主播不断试探封限“容忍次数”》，揭露某直播平台上被长期默许和放纵的“软色情”现象，叩问平台监管责任的界限。

报道一夜间获得160万阅读量，迅速引起关注，平台积极反馈整改。

借力追击，课题组连续发布多组智库观察报道，每次报道、每份报告均直达治理层。这次阶段性的系列研究，对媒体主动监督、企业自觉履责的治理协作方式进行了有益探索。

2021年12月17日，“呵护下一代　传承价值观”音视频直播平台未成年人保护创新治理峰会在北京举行

三、起底语音平台的隐蔽问题

对语音平台的违规调查，再一次让网络信息内容生态治理研究彰显价值。

2020年8月31日，课题组推出报道《助眠内容挑逗，多名主播诱售色情音视频》，引发连锁反应。涉事语音平台紧急回应并关闭助眠频道，广东省委网信办联合多部门约谈涉事语音平台责令关停助眠频道。在中国演出行业协会网络表演（直播）分会公布的第七批主播黑名单中，南都报道中的涉事助眠主播均被纳入封禁行列。

对语音平台的调查，打开了多元共治的新局面，南都在网络内容生态领域的监督报道逐渐显露“钢牙”。2020年11月，课题组发布另一调查《青少年模式下大量黄歌，歌房暗藏色情服务》，得到了舆论广泛关注和有关部委的重视响应。2020年底，该事件入选全国“扫黄打非”2020年十大热点网络话题。

四、两年积累课题丰满成长

两年“聚沙成塔”，网络信息内容生态治理研究由一篇篇的监督报道逐步发展为拥有行业观察、部门内参、研究报告、企业定制服务、落地活动等形式丰满的课题产品，研究领域也在不断外延。

与此同时，南都网络信息内容生态治理研究也受到来自监管层、学界、业界的广泛认可。

未来，我们还将继续发挥智媒优势，打破违规掩体，曝光监管死角，重塑标准机制，助力行业合规，推动制定网络内容生态高质量发展的管理规则和导向政策，增强网络综合治理的多层次多样性实践。

本章统筹：王卫国（南方都市报副总编辑）

第七章

用户优先：深度融合新增长极

本章看点

- 如何用户优先？南都的回答是：建立会员体系，构建社群生态，推动工作社交。

- 从识别用户到感知用户，从响应用户需求到收集用户反馈，是用户优先需要构建的闭环操作模式。

- 从提供信息到提供服务，媒体的用户黏性在增加，内容价值也在不断提升。媒体可以成为同城兴趣召集平台、民生服务共治平台、圈层社交活动平台、生活经验交流平台。

- 实践证明，用户优先是更根本、更关键的问题，只有找到用户，响应需求，才能将移动优先、数据优先真正落地。

- 只有拥有精准的用户，媒体才有价值；只有将公域转换到私域，媒体的价值才能“1+N”。

第一节
用户识别+圈层运营+平台连接

在万物互联的智慧传播时代，传播受众不再是模糊泛在的，而是形成了逐渐清晰的用户画像，这为媒体开展精准传播和信息服务提供了基础条件，也为互动传播和圈层运营提供了潜在可能。

南都智媒践行的“三大优先”战略中，用户优先战略正在构建有效传播闭环，提升用户黏性，这是在媒体融合时代体现智媒服务能力的关键所在。

用户在哪里？如何与用户建立有效连接？如何更好服务用户？已经成为媒体融合转型过程中必须回答的问题。南都回答这些问题的具体做法包括“建立会员体系，构建社群生态，推动工作社交”，挖掘用户的刚性需求和垂直领域的供给空白，延伸记者的信息服务和民生帮办职能，形成南都与用户的紧密连接和有效互动。

一、用户识别：从大众传播到精准传播

用户优先的内容生产，首先要建立鲜明的用户思维和用户意识。在移动互联网时代，传播从同质化走向分众化、差异化，需要对目标用户进行群体细分、用户画像，实现精准传播。

从识别用户到感知用户，从响应用户需求到收集用户反馈，是用户优先需要构建的闭环操作模式。

无论是在“两微”平台还是在南都自有的传播平台（新闻客户端、视频客户端），南都的内容生产部门和技术部门都非常注重通过数据技术开展用

户画像，注重提炼传播规律，为更好服务用户提供数据支撑。在这个基础上建立会员体系，打造会员服务和福利机制，找到曾经模糊或失联的用户。

以南都微信为例，站在用户的角度做策划，根据用户的实际需求和阅读场景优化内容生产，面向高校学生、职场年轻人、本土用户、产业政策关注者等开展的选题内容生产取得了显著的效果，引发特定用户群体的共鸣。

近年来，南都的很多记者、编辑和研究员在内容生产传播过程中，承担起工作社交职责。他们直接面对用户，积极回应用户问题，让职业积累与用户需求形成精准对接，从而与用户建立起紧密的互动关系。

二、圈层运营：从提供信息到提供服务

用户优先战略让南都在思考超越信息传播层面的更多可能，我们不满足于浅层信息供给，而是延伸媒体信息服务的链条，致力于信息的精准服务、持续服务、增值服务。

近年来，南都围绕教育、健康、文化等多个垂直领域，在移动端建立起多个用户群，形成多个社群运营平台。这些用户群具有鲜明的兴趣聚合属性，实现了用户在线分类和圈层高频互动。

在南都教育联盟的“牛娃养成群”，基础教育的常见问题和非虚构写作培训课程成为备受家长欢迎的服务内容。南都读书群的成员可以获得南都最新推荐的书单，还有机会参加南都组织的各种学术讲座和作家读者交流活动。小南课堂为初入职场的年轻人提供快捷实用的系列课程，把职场焦虑化解为一个个可知可感可解的课堂问题。

通过用户圈层运营，南都不断拓展线上和线下应用服务场景。围绕粤港澳大湾区话题建立起的“湾姐朋友圈”正在成为南都与关心区域经济发展的用户的紧密交流平台，南都省情新闻部副主任黄海珊为广大用户开讲课程，解读文件，分析趋势，颇受欢迎。2020年推出的“跟着湾姐去调研”系列线下活动场场报名爆满，大家在闲暇时间不去景区而是来到高科技企业和区域发展平台参观调研，身临其境感受区域经济脉动。

从提供信息到提供服务，媒体的用户黏性在增加，内容价值也在不断提升。媒体可以成为同城兴趣召集平台、民生服务共治平台、圈层社交活

动平台、生活经验交流平台。

南都的圈层运营进一步在娱乐、旅游、房产、汽车等领域探索。这些领域在消费升级与美好生活的新场景和新需求背景下有着巨大的信息服务潜力可以挖掘。

三、平台连接：从汇聚资源到构建生态

围绕垂直领域建立平台是南都智媒开展用户连接和用户服务的重要渠道，这里的用户既包括面向消费者的个体用户，也包括面向行业企业的机构用户。

通过平台连接，南都正在发挥超级联系人的角色，不仅汇聚平台资源，而且构建平台生态，形成行业发展和平台参与者成长的共同体，相互赋能，共生共赢。

连接产业带，南都优选带货直播为广东制造业中小企业赋能，观察产业发展机遇，塑造行业特色品牌；连接科创企业，南都创客联盟在为大湾区创新载体赋能，调研成功孵化经验，聚合产业创新资源；连接农产品供需两端，南都云集市为后疫情时代农产品保供促销赋能，助力市场高质量消费，提升供需链条对接效率；连接金融机构，南都金融联盟推出的金融安全盾评选活动在为金融行业的规范发展赋能，开展金融科普教育，守卫公众的钱袋子。

类似这样的连接还有很多。连接的目标是构建平台生态，只有健康的平台生态才有助于行业的规范发展。通过连接可以汇聚行业诉求，调研行业问题，挖掘行业经验，促进行业交流。在连接中媒体的信息服务更加精准和深入，具备了决策参考、趋势研判、共识凝聚、建立标准的价值。在这个意义上，媒体服务用户的过程就是服务行业、服务产业的过程。

实践证明，用户优先是更根本、更关键的问题，只有找到用户，响应需求，才能将移动优先、数据优先真正落地。

如今，南都通过移动优先战略，建立会员体系，构建社群生态，推动工作社交，逐步实现精准传播、有效传播，用户优先正在成为南都媒体深度融合新的增长极。

第二节 用户连接：以新连接力构建新服务力

从“一对多”的单项传播到“多对多”的平台互动，智库媒体发挥超级联系人的作用，让平台各方听见彼此的声音，理解用户的关切，助推行业的发展。

一、通过连接汇聚跨界资源

智库媒体天然具备的连接特质和公共属性，在行业垂直领域汇聚包括政府、企业、专家、用户等各方力量，搭建行业治理沟通平台，为垂直领域高质量发展输出智库服务和解决方案。

围绕垂直领域，南都目前已建立包括南都教育联盟、南都健康联盟、南都指数联盟、南都创客联盟、南都金融联盟、广东质量提升联盟等六大平台，充分发挥媒体智库的连接作用，聚合资源，合作联动，助力垂直领域的高质量发展。

平台具有多主体共建、开放共享、资源互补、共赢互利等特性，智库媒体在构筑连接平台的过程中实现用户对用户、机构对用户、机构对机构之间的精准连接，成为平台连接的桥梁与纽带。

二、通过连接提供用户服务

老百姓关心的教育、健康话题是媒体长期关注的领域。在这些领域聚合平台资源，开展用户服务，提升信息服务的精准性和有效性，填补信息服务的供给空白，是智库媒体在连接平台建设过程中的独特价值。

南都教育联盟聚合国内优质教育资源，面向广大中小学生推出高质量的教育内容和教育服务，推出的南都杯中小学生非虚构作文大赛、牛娃面对面直播等品牌产品深受广大中小学生欢迎。

在大健康领域，南都健康联盟秉持“聚力‘健康中国’，共创美好生活”的理念，在健康科普传播力研究、医疗体验测评、互联网医疗等多个领域充分连接行业资源，开展智库内容建设和平台治理研讨。

三、构建新型信息服务平台

通过连接打造平台，通过平台创新服务，在用户优先战略中，南都智媒正在通过更多像南都教育联盟这样的连接平台，研发输出创新产品，依托深度融合的内容生产构建新型信息服务平台，供给高附加值信息产品，打造强黏性的用户服务场景。南都的平台服务正契合中央文件中提出的相关要求，形成“新闻＋服务”的新增长极。

平台级的连接带来平台级的效能，南都将在教育、健康等垂直领域打造更多信息服务产品，构建成体系、成规模、可持续的垂直领域服务，提升用户服务的精准化和有效性。

讲述

南都教育联盟：拓展服务场景 让读者变用户

尹来（南方都市报教育健康事业部副总监）
梁艳燕、叶斯茗（南方都市报教育健康事业部记者）

在广东省教育厅支持指导下，南方都市报与广东各地市教育局、各高校、中小学校、教育学会、企业于2017年4月携手组建南都教育联盟。这是南方报业全方位、全介质、全链条探索“教育+服务”的媒体第三方平台。联盟秉持“传播、评价、融合、共享”的理念，整合教育界、产业界、学术界等社会各界资源与力量，打造全媒体传播、第三方评价、教育资源融合和信息服务共享四大平台，逐步形成优质报道型产品、智库型产品、共享服务型产品、云系列产品和活动项目产品等五类主打产品，促进教育信息交流、服务、共享，与社会各界共同促进广东省教育再上新台阶。

一、以用户为中心，搭建“教育+服务”平台

成立之初，南都教育联盟就明确了自身功能：开启“媒体+教育”的全新服务模式，连接社会多方资源。

首先，联盟以内容建设为入口，强调核心竞争力。新成立的南都教育联盟把优质内容生产力量向教育领域倾斜：权威发布方面，利用南都强大的报料平台，针对教育领域的公共政策、突发事件、热点话题，及时发声，引导舆论；深度观察方面，对教育现象、政策、改革举措等进行深度的观察思考，探讨建设性方案。

此外，南都教育联盟结合大数据分析技术和南都的专业调查，打造公共教育服务质量、行业发展状况、教育市场动向等各个涉教育领域的指数类产品，并形成完善的南都教育评价体系，全方位构建南都的话语体系和评价标准。

南都教育联盟还希望通过各种社会连接，尽最大可能地实现教育服务

的共享，为用户、公众、机构、政府部门提供各种定制服务。比如“南都校长论坛”，定期召集大中小学校长，主动设置议题，发出权威声音，回应社会关切，寻找解决方案。

二、智库型榜单产品，精准连接行业用户

新成立的南都教育联盟迅速以行业治理为突破口，用评价体系连接行业用户需求，躬身入局。

2018年12月，南都教育联盟发布了广东教育创新十大优秀案例和广州高中教育质量在校学生认同榜。后者是南都教育联盟首个针对基础教育学校发布的评价榜单。

这是发挥媒体智库服务作用、助力广东教育改革的一次创新，获得了广东教育领域的高度关注，为解决教育教学过程中的现实问题提出了新思路、新模式、新方法。

我们既关注基础教育，也关注教育产业。

2018年9月14日，南方都市报、南都教育联盟组织校外培训机构规范发展研讨会，会上发布了《2018年校外培训机构发展与治理报告》。报告以广州13家校外培训机构为样本，对校外培训十大典型问题进行梳理，并对校外培训机构的市场占有率、用户认可程度、广告宣传合规情况、师资要求、负面投诉率、用户知晓度等情况进行指数分析与综合评价。教育部基础教育司相关领导评价，该报告对规范校外培训机构发展有重要意义。

报告发布后，评测的脚步没有停下。我们从各个层面对培训机构进行测评，促使企业在合规道路上稳步前进。

三、技术赋能，打造C端用户、产品闭环

要从单一的新闻传媒角色，向研究、服务、参与的多维平台融合转型，不光要有“接地气”的智库产品，也要有能够直接针对性地解决问题、连接社会各个层面的新兴融媒体产品，这才能让订户变用户，用户变粉丝。

2020年，突如其来的新冠疫情使应届毕业生就业面临挑战。南都教育联盟抓住社会痛点，服务庞大毕业生群体。

南都“粤就业”系列直播课迅速上马，搭建媒体与政府部门、高校、校

友会、校企、毕业生之间的多方桥梁。同时，我们以技术赋能，逐步组建包括课程、岗位、技术和数据在内的综合平台，开发并推出了高校校企专场岗位池产品。同步推进的粤就业微信群“职场新人类”也吸引了大量粉丝。总体看，粤就业直播课系列有效实现了资源连接、影响力、传播力上的多赢。

在媒教融合的道路上，我们不断创新。

2020年初，面对新冠肺炎疫情暴发、中小学生停课、大规模的线上教育迅速铺开的形势，我们决定开设南都云课堂。在我们的邀请下，钟南山院士为南都云课堂录制了长达5分钟的VCR（视频短片），部分驰援湖北的广东医疗队成员参与直播，讲述战“疫”一线的真实故事。“南都云课堂——在战‘疫’中成长”首播当天，60多万人同上课，点赞超45万次。

2020年5月12日，南都云课堂复学第一课：钟南山等6位“最美逆行者”开讲同心战“疫”故事

2020年5月12日，我们抓住广州第二批高年段复学时机，推出了第二节南都云课堂。课程上线后得到广东省委宣传部、省教育厅、省卫健委等多方好评。该系列节目获推到学习强国全国总台复学第一课专题首位。

我们还注重互动型服务，增强用户黏性。

从2016年发起南都杯中小学生非虚构作文大赛至今，我们共举办了两届征文大赛，收到征文2万多篇，除了广东，还吸引了来自山东、河南、河北、湖南、安徽、山西、浙江、上海、天津、北京等地区的学生投稿。

除了举办大赛，我们还在日常用户聚合上下功夫。2019年9月，非虚构写作成长平台小程序正式上线，截至2021年12月已完成三次更新迭代。从设计之初，小程序针对当代青少年特点，在平台的即时性、互动性上下功夫，吸引更多的青少年进驻平台，养成写稿、投稿习惯。小程序不仅通过设置“周榜”，实现优秀作文的“打榜”功能，还通过设置“我的勋章”栏目，展现小作者个人成长之路。“我的勋章”栏目，根据个人投稿数量，可“点亮”“初出茅庐”“梅开二度”“妙笔少年”等晋升勋章，同步生成海报页面，方便小作者将勋章奖励“晒”朋友圈。南都教育联盟还为每季度的“妙笔少年”拍摄个人专属视频，一方面提升优秀小作者的荣誉感和归属感，另一方面也让优秀小作者向更多的同龄人讲述他们的阅读技巧、写作经验。好用、好玩、有趣，非虚构写作成长平台小程序用户黏性大为加强，据统计，平台超过30%的小作者投稿超过5次。

四、互相赋能，共建多赢生态圈

5年来，南都教育联盟不再满足于提供单一的新闻报道，不止步于成为一个资讯提供者，而是及时拓展服务场景、满足不同用户需求，以新技术能力、新服务能力参与到教育行业治理的方方面面中来，与产业链条上的各级用户保持同频共振。南都教育联盟致力于成为多赢的生态共建者，连接政媒校社企各界的不同伙伴，整合资源、优势互补，政媒校社企界亦有许多伙伴积极与南都教育联盟牵手，互相赋能，携手共赢。

2020年12月23日，南都教育联盟举行“融合创新 共建教育新生态”2020教育年会。会上，南都教育联盟发布了“云探校”“云课程”“云查询”等系列“云端产品”，由南都教育联盟发起的“2020年度广东中小学十大口碑课堂”评选也重磅出炉。该评选活动共收到来自广东省各地逾百节在线课堂投稿。线上展示仅4天，点赞总数近70万，再次扩大了广东优质课堂的影响力，并引发了专家学者对于在线课程的深入思考和探讨。

接下来，南都教育联盟将在“新闻＋政务服务商务”运营模式上持续发力，深入做好用户连接，推动教育联盟服务能力进入高质量发展阶段，深度参与到教育体系治理和行业发展中去。

第三节
用户服务：拓宽服务　增强连接

每到周一，《南方都市报》会登载一组特别的栏目——《周一见》《马上办》。很多政府部门的公务员对这组栏目印象深刻，留心阅读。这是民生问题的曝光台，也是响应民意的舆论场，相关政府部门回应是否及时、处理是否得当、市民是否满意都将被直接亮出分数。

一、打造面向用户的新服务能力

2020年，《周一见》《马上办》不断升级强化，以《记者帮》的产品形态打造民生帮办新闻的平台和阵地，在收集民生线索报料、协调推动问题解决、评价问题解决力度和效果方面持续发挥作用，成为协同治理新力量。

《记者帮》是南都开展建设性舆论监督报道的代表品牌，也是在智媒转型中形成的面向用户的新服务能力。栏目及时响应市民急难愁盼的民生事项，搭建问题沟通协商解决平台，切实担负起以人民为中心的工作导向，联系群众，贴近群众，服务群众，成为社会基层问题的发现者、公众利益的守望者，更是联合多方力量推动社会问题解决的共建者。

2020年，《记者帮》发表民生帮办报道270多篇，推进解决民生实事上百件，对接广州政务机关部门及基层单位200多个、与民生相关的企业100多家。该项目荣获2020年度广东新闻奖一等奖（网络新闻名专栏）。

二、“连接属性”拓展到市场供需

也是2020年，突如其来的新冠疫情，打乱了生产生活的节奏，也激发了“云模式”的兴起，直播卖货已突破电商的范畴成为全行业的风口和新消费增长点。南都与时俱进地将“连接属性”拓展到市场消费供需以及政企思想互通的端口，创新搭建出“云集市”平台和“南都优选”直播带货IP。在“吃援湖北”活动中，潜江小龙虾、枝江玛瑙米在直播间一路畅销，并营造政民良性互动的舆论氛围。南都打造的媒体特色“电商带货”平台，连接政府和互联网平台，助力特色产业和企业复苏，形成以特色内容和选品为驱动的南都直播带货项目的发展路径。

2020年下半年，南都发挥在娱乐报道领域多年沉淀下来的品牌影响和资源优势，在广东省电影局指导下，试水电影宣发，以专业的内容传播优势，全面进入娱乐文化垂直生态市场，跨界整合资源、便捷服务用户，通过评价榜单、线下场景构建健康、可持续发展的娱乐文化内容生态链。一年多来成功宣发《白蛇传•情》《非常•主播》《中国医生》等多部影片，聚合了一大批用户，形成了口碑营销闭环。

讲述

正点观影宣发平台：多元场景“破圈”，超级连接“拉新”

靳格（南方都市报文体新闻部内容总监）

在广东省电影局指导下，南都于2020年下半年试水电影宣发，成立正点观影宣发平台，依托南方报业传媒集团优势，跨界整合多方资源，打造电影宣发营销集合体，兼具电影宣传、策划、影评、数据、节展、产业研究、教育培训等业务功能，代理各类电影制作企业的宣传、发行、拍摄服务等业务，充分利用地缘、政策、媒体及影视技术优势，聚合电影产业资讯，精准营销推广，扩大电影市场需求，提供便捷生产配套服务，助力广东电影事业高质量发展，推动建立产业链完善的电影工业体系。

一、多元场景：“产品+服务”直抵年轻圈层

目前，正点观影宣发平台已完成1.0版本开发，主要包括影片宣发、活动运营、电影数据管理、电影评价和电影购票等几大功能板块。平台将满足多种云产品接入，具备AI能力和数据服务能力，当前以微信生态为载体，计划开发平台客户端，最终实现多场景生产、多场景展示、多态化营销。

针对“Z世代”的个性偏好和新需求，正点观影宣发平台推出产品矩阵，打造线上线下多元场景。

2020年12月，南都全娱乐官方微信公众号全面改版，变更为专业影评号——正点观影。该公众号结合国内热门影视作品撰写影评，正向引导电影市场消费，因及时把握“Z世代”的情绪点，语言风格鲜活，受到年轻人普遍好评。

正点观影宣发平台依托南都的平台资源和数据分析优势，构建电影评价指标体系，推出指数榜单，分析国内电影特有的暑期档、国庆档、

电影《白蛇传·情》宣传海报

贺岁档现象，定期发布推荐片单、票房走势报告等，为电影产业生态注入正能量。

在连接和服务用户方面，正点观影宣发平台展现出智媒融入电影宣发工作的新能力和新价值，2021年成功宣发多部主旋律大片和商业大片。

以《白蛇传·情》为例，我们通过抓取分析宣发初期全网数据，确定了传播关键词、热词、观影主体的年龄结构和性别比例等要素，进而调整宣传思路，针对年轻群体“破圈”宣发，直接带动形成影片良好口碑。与此同时，针对海外华人群体和外国友人，围绕粤剧电影、粤剧知识和传统文化的推广传播，我们以中英文双语和粤语形式推出电影名场面、主创采访、主题曲MV、角色cosplay、外国友人打call等产品，陆续发布在Meta（原名Facebook）、twitter等社交平台，引发热议和关注，让南国红豆“墙外香”。

二、超级连接：公益活动拉动电影消费

在大文娱新赛道上，南都正扮演着超级连接人的角色，汇聚政府、企业、用户等各方力量。

2021年春节期间，南都响应“留粤过年”号召，推出“免费看大片 喜‘粤’过大年”专题报道活动。我们注重线上线下结合，组织惠民观影活动，免费派送1万多张电影票，并于农历大年初八特邀坚守一线交通人员观影。

整个报道活动持续17天，发布文图、视频、音频、评论、主题海报、行业数据分析等内容共计近60件，浏览量突破300万，为媒体创新节日报道、服务假期电影市场提供了借鉴。

2021年，为庆祝中国共产党成立100周年，在广东省电影局指导下，我们在全国率先启动“看电影 学党史”主题活动。活动持续全年，深入广东基层，全省21个地级以上市同步组织观影活动。形式灵活多样，观影现场听“微党课”、“万千支部结对观影”成了传播亮点。活动内容以多种形式融合展现，中央媒体和省内外媒体广泛转载报道。截至2021年11月底，全省“看电影 学党史”活动累计票房数百万元。

从提供信息到提供服务，从“一对多”的单项传播到“多对多”的平台互动，南都的圈层运营进一步在大文娱领域探索，通过“认知—兴趣—转化—口碑”四步，完成普通用户到电影观众的转变。

此外，针对年轻用户偏好，我们建立多个观影社群，通过多种形式派送福利，进一步黏合粉丝、聚合用户。

第四节
用户运营：以用户思维找回“失联”受众

纸媒黄金时代，记者编辑不需要怎么考虑读者爱看什么、读者需要什么。这种单向传播，加上发行数据的静态僵化，使传统媒体出现了用户与平台“失联”的现象。尽管报纸生产的优质内容依然具有生命力，但随着移动端的发展，越来越多的用户不再从报纸上获取这些优质内容，这造成了事实上一个致命尴尬：虽有百万发行量却不掌握真正的用户！我们必须找回“失联”的受众，将用户真正运营起来！

一、用优质内容吸引用户关注

南都首先想到的，还是用优质内容吸引用户关注。

2020年9月8日南都官方微信推出的《刚刚授勋！国家功臣，国礼待之！》总阅读量超过600万，总分享次数超过54万次，单条推送涨粉数多达4590人。微信推文《我们卧底了一家网红奶茶店排队当托，套路和成本曝光，真大开眼界》，阅读量超300万，涨粉过千。微博推送《佛山顺德煤气闪燃事件》，单条阅读量2891万。

这背后体现的正是媒体的用户思维：站在用户的角度做策划，从用户的需要出发做内容。在用户思维的加持下，截至2021年12月，南都移动端用户已达1.67亿，其中微博矩阵粉丝4136万以上，微信矩阵粉丝627万以上，视频矩阵粉丝1600万以上。

围绕南都客户端，南都接入兑吧平台，打造看新闻、赚积分、换礼品的新积分兑换平台，南都推出基于用户吃喝玩乐等生活场景的“乐活”频道，同时结合报社内外部及品牌合作等线上线下活动，以推广促活为目标，策划执行南都客户端的植入形式，拉动客户端下载及建立精准社群。

围绕“两微”渠道4700万以上的用户，南都积极探索社群运营的多种玩法。成功推出小南课堂职场系列课程、“湾姐朋友圈”、南都读书俱乐部、乐活吃喝玩乐小分队等10多个社群产品，用户超过1万人。

二、把垂直社群从线上拓展到线下

除了线上，南都还努力把垂直社群拓展到线下，南都乐活系列从社群变现和提高用户黏性角度出发，以“探店＋粉丝福利＋编辑部日常vlog”的形式打造乐活频道衍生栏目，精准引流对生活服务、吃喝玩乐领域感兴趣的用户，开辟社群运营新形式。还有南都深圳团队以“夜试”为IP，结合深圳夜间经济的公共政策推荐，在深圳密集推出了多个消费直播。

用户运营是一个很庞杂的工程，值得走下去。只有拥有精准的用户，媒体才有价值；只有将公域转换到私域，媒体的价值才能“1＋N”。

讲述

湾姐朋友圈：以个人IP打造圈层运营产品

黄海珊（南方都市报省情新闻部副主任）

2019年发起成立的“湾姐朋友圈”，精准开展用户运营，搭建粤港澳大湾区高净值人群财经知识分享服务平台，广泛连接湾区行业、企业和用户资源。以群内互动、案例分享、嘉宾分享、线下沙龙等形式，持续化打造“湾姐”产品IP，通过知识付费订阅为用户提供高质量信息服务和智库咨询。

一、我被融媒体“新势力”盯上了

如何把南都优秀的新闻“基因”嫁接到智库产品上，和报社的改革同频共振，是我们都在努力寻找答案的新课题。

身边同事冠我以“湾区一姐”，并亲切地简称为“湾姐”。在融合转型过程中，我得到了音视频生产力量的主动赋能。2019年广东省两会期间，在时任融媒体部副主任伍静妍和内容总监李湘莹的“鼓动”和帮助下，我以“湾姐”的身份正式“出道”，推出音视频产品“湾姐看两会”。

小小的试水，却大大激发了创新的欲望。

2019年5月8日，“湾姐”与广州新闻首席记者魏凯作为“双子星”搭档，正式推出《湾区财富3分钟》音频系列节目。这档节目成为国内首个大湾区智库音频产品，不仅在喜马拉雅广东频道上“C位出道”，登上了“学习强国”学习平台，还获得2019年度广东新闻奖融合创新奖。截至目前，这档节目已经生产了100多期。

二、“湾姐”价值被创意互动部盯上了

以“解读政策之快、独家情报之多、预判趋势之准”的《湾区财富3分钟》为阵地，我得到了越来越多听众的认可，“湾姐”的个人IP也逐渐形成。

2017年12月26日，黄海珊与外交部前部长李肇星（左二）在惠州同台论道大湾区

南都创意互动部梳理了这档音频产品的优势：既有新闻媒体的时效性，又具备智库的研究属性。这些也是南都移动端、官方微信本地用户所关注的。

在创意互动部的建议和支持下，南都史上首款以记者个人IP打造的圈层用户运营产品——《湾区财富3分钟》粉丝群“湾姐朋友圈”诞生了！

创意互动部明确了“湾姐朋友圈”的圈层用户价值：为圈层用户提供湾区情报分享、会员专属文章、权威专家交流、区域观察报告等会员权益。产品的运营方向同时确立：打造“湾姐”个人IP及影响力，沉淀30—35岁的高净值人群。

三、南都高净值用户被我盯上了

圈层运营，服务第一。这个高质量的服务，自然是来自智媒的生产力。

会员们一进群，我便在创意互动部的技术支持下作了一次报告解读，语音、文字、图片齐齐上阵，手把手地划重点，诚意满满。之后，大湾区工作室产出的日常资讯都会第一时间分享到群内，并附资讯重点说明或相关延展内容。

及时、易懂的资讯分享和深入且有态度的政策解读，让“湾姐”专业又平易近人的形象，自然而然地走进每一位会员的心。

为更贴近用户的生活工作所需，我们还策划了“一本政经班”、“粤夜粤精彩”分享会等活动，并邀请党校专家、南都资深记者等来作指导和分享。

四、用“智媒+商务”盯上更多资源

“湾姐朋友圈”建立起来后，我们不断向用户的需求靠近。在分享讨论湾区建设机遇这个大主题的基础上，我们也在思考如何从用户的日常讨论中挖掘出真正的需求，并调动全报社资源有效满足，这也成为保持后续会员活跃度的重要方式。

2020年下半年，在广深和珠三角相关部门的领导和记者们的支持下，我们创新性地策划开展“跟着湾姐去调研”“湾姐下午茶”等新颖的线下圈层活动，以智库角色，连接相关产业和圈层用户。

聚焦湾区，拓展场景，付费会员，圈层运营。从公域到私域，从私域到精域。可以说，“湾姐朋友圈”从孕育到诞生再到运营所经历的每一步，都是南都“融往直前，智创未来”的一个缩影，亦是南都智媒转型中在“新闻+政务服务商务”方面所进行的积极尝试与探索。

本章统筹：黄治军（南方都市报首席技术官）

第八章

大咖论道：创新超越　开放融合

宋建武：南都智媒转型，符合媒体融合的技术逻辑

喻国明：传统媒体转型应该是“大融合”

张志安：平台化和智能化浪潮中的媒体深度融合

韦　路：协同共治是媒体融合的评判标准

辜晓进：从线下传播生态到数字传播生态

涂子沛：媒体从业者如何培养“数商”

郭全中：以系统化融合助力智媒转型

盘和林：抓住5G时代信息传输新机遇

本章看点

- 在我国国情之下，南都这样的主流媒体，具有打通社会各方面数据资源、承担起加工分析处理社会治理数据的责任，从而具备了成为未来社会的数据枢纽的可能性。

- 如果你能看到现代技术逻辑与互联网发展的话，就会明确在前排直接为社会生产只是未来媒体很小的功能，大量的功能是提供某种数据服务、平台服务、规则服务、算法服务。

- 未来，传统媒体的发展重心不仅仅是做内容，更主要的是要把握数据、开发数据，利用数据实现自己在社会生活中的组织、传播优势，成为强有力的掌握者。

- 智库是把内容价值最大化的一种有效途径，不仅采集内容，而且把内容进行梳理、分析、分解，与客户需求对接，进一步在内容上叠加生产，创造新的效益。

- 媒体有几个方面是其他机构不可替代的：内容生产的专业性、信息披露的权威性、传播技术的专指性、新闻发布的协同性以及社会动员的有效性。

- 在智能时代，媒体从业者，无论记者、编辑、记者型研究员，都有必要修炼“数商”，将手中的资料沉淀为数据，在数据库存储、关联、调用，才可能形成高质量的报道，或者研究。

南都智媒转型，符合媒体融合的技术逻辑

□宋建武

当前，互联网应用形态的主要发展趋势之一，就是各种垂直应用正在结成一个生态级的平台，学界和业界通常称之为“平台化”。根据国家媒体融合发展的战略目标，我国主流媒体必须通过各方面的迭代升级，完成自身的“互联网化”，以实现在网络空间掌握舆论引导主导权的战略目标。这在客观上，就要求主流媒体必须顺应互联网的发展趋势，全面响应社会发展各方面的需求，建设基于互联网连接的自主可控的新型媒体平台。南方都市报在发挥传统媒体原有优势的基础上，探索着向智库型媒体转型的方向，创造了新的内容产品、新的服务。在传统媒体转型之路上，南方都市报的“智库化”，代表了媒体转型的一个新方向。

一、媒体融合发展正在进入新阶段

以2014年中央提出媒体融合的国家战略为节点，在此之后，国内媒体转型经历了三个阶段。第一个阶段是以传统内容生产方式为基础，发展互联网传播能力，“借船出海”，开始布局“两微一端”。但由于“借船出海”没有自主平台，主流媒体自有资源不足，不仅解决不了在网上联系群众、服务群众、引导舆论的问题，甚至也无法解决在社会主义市场经济下，靠自己的规范运营来获得持续发展的造血能力的问题。这种情况下，媒体转型步入了第二个阶段，一些走在媒体融合实践前列的主流媒体尝试

自建平台，这也开启了媒体融合的系统探索。这里比较有代表性的有浙江日报报业集团以“新闻+服务”为核心，向自主平台建设方向发展，打造一个基于互联网的枢纽型媒体集团，以及湖北长江广电传媒集团定位为“媒体+政务+服务”的移动政务新媒体云平台“长江云”。第三个阶段是在中央有关部门指导下，媒体融合向纵深发展，全媒体传播体系建设全面展开，其触角通过县级融媒体中心建设伸向基层，有效连接社会运行和社会治理中的方方面面。这是我们认识评价南都转型探索的基本面。

二、依靠新技术进一步扩张连接力、服务力

媒体融合依托数字技术而产生，数字化使传统的媒体渠道，包括信息生产和传播方式都发生了根本变化。媒体融合的技术逻辑可以概括为从数字化到数据化的过程。

数字化带来了媒体生产模式新变革。首先，数字化给媒体的内容生产本身提供了有效工具。数字化极大释放了信息的生产力和传播力，提升了信息传播的影响力。数字化和互联网结合使社会各种主体都可同时接入同一互联网平台，自主发布信息，进行信息交互。在此基础上形成了“全员媒体”的新型传播关系。从经济功能来说，数字化也影响了商品信息的传播方式，给媒体的商业模式带来了改变。

数据化引发了更加深刻的信息革命。随着大数据技术的应用，通过人的感官所采集的信息和通过机器所采集的数据正在融合，数据化已经开始。如信息的精准分发，实际上是利用大数据和算法对海量信息进行精准的有效匹配。在这个过程中，随着媒体借助人工智能对数据的应用能力的提升，可以实现多模态信息的整合，能把不同的信息用不同形态展现。上述这些同时也给媒体的商业模式带来了前所未有的创新发展机遇，促生了数据库精准电商及综合服务。

面对新的信息环境，南都提出以数据为抓手，向智媒方向转型，符合媒体融合的技术逻辑，是顺应主流媒体融合转型发展趋势的正确选择。大数据本身已经脱离人类的感觉系统，完全靠人类自身的能力无法对大数据进行加工分析。想处理大数据并运用大数据，就必然要实现智媒化，也就

是要把自身变成一个智能化的媒体。

大数据与算法结合的人工智能，为大数据的利用提供了工具。“内容智库化”和“传播智能化”的方向和路径选择符合南都的实际情况。通过内容深化和智库型应用，南都已经开始与社会方方面面的资源产生了传统业务模式下前所未有的深度连接。“内容智库化”是一个很好的切入点，媒体信息采集的基础和社会联系的积淀都是其从事智库建设特有的先天优势。

难能可贵的是，南都转型智库型媒体，不是仅仅额外增加了一项智库的业务，而是涵盖了各个环节，既提供新的内容产品、新的服务，也有商业模式的新探索。南都的品牌、南都的优势及能力对其转型智库型媒体和开展新业务能够提供很大帮助。

但未来南都还需要依靠新技术进一步扩张自身的连接力、服务力。从“传播智能化”来看，在技术上，大数据的应用就意味着媒体必须智能化，而南都目前所做的还仅仅是起步。可以预见，随着南都数据采集规模的扩大和应用能力的提升，其自身必然走向平台化，以大数据、云计算、人工智能等先进技术为基本支撑，成为社会的数据中心和运营枢纽。

三、从参与社会治理入手，转型升级形成数据枢纽

南都转型为媒体智库，将面对更多的类似城市治理等领域的诸多实际问题。在城市治理方面，南都正在运营的“广州城市治理榜”具有重要价值。城市治理涉及诸多系统，如果想要科学、客观地发布此类榜单，深入城市治理的各个领域是必不可少的。

在媒体参与城市治理方面，值得借鉴的是杭州和宁波的“城市大脑”建设，这是目前科技含量较高的尝试。“城市大脑”是城市聪明、智慧的重要支撑，是提升城市治理水平的重要基础设施。而杭州和宁波的“城市大脑”建设与主流媒体渊源颇深，浙江日报报业集团最早进入政务服务平台的运营领域，其团队成了杭州城市大脑运营团队的骨干力量；宁波日报报业集团（甬派传媒）则投资建设运营宁波“城市大脑”。

南都对城市治理的参与，应当从传统媒体的操作方式进一步提升，南

都可以在“广州城市治理榜”的基础上，借鉴杭州和宁波的成功经验，争取成为广州“城市大脑”的运营团队。参与“城市大脑”运营将使南都更直接地获取城市治理数据，让自身对城市治理的各种数据具备更强的采集能力，及时发现城市治理的问题和痛点，进行新闻监督，作出科学判断，为政府提供决策咨询服务。

在行业共建共治方面，城市治理大数据同样能发挥作用。其中打通各行业的信息和数据资源是关键。以往行业协同更多依靠行政命令和部门协商，各部门之间隔行如隔山，信息和数据难以打通，如果南都通过“广州城市治理榜”项目，能够将各领域治理过程中积累的信息数据聚合起来，就能对行业问题有更深的把握，对各行业目前的治理水平和治理方式有更加科学的认识和评价。在这个过程中，南都可以积极探索和寻找共建共治的切入点。由此可见，如果南都能作为“城市大脑”的运营载体，把资源更加便捷和全面地采集和汇聚起来，必将在行业共建共治上产生全新的认识判断，也会相应产生新的实践和探索。在我国国情之下，南都这样的主流媒体，具有打通社会各方面数据资源、承担起加工分析处理社会治理数据的责任，从而具备了成为未来社会的数据枢纽的可能性。

互联网技术发展日新月异，但南都只要坚持智媒转型正确方向，一张蓝图绘到底，从抓大数据入手，持续推进“内容智库化、传播智能化”，措施得力，抓深抓实，并根据具体条件不断向前推进，就将迅速取得成效，进入到媒体转型发展引导者的行列。

作者系中国人民大学新闻学院教授、博士生导师，中宣部媒体融合专家组成员

传统媒体转型应该是“大融合”

□喻国明

以大数据为代表的新一代信息技术正在引发数字化转型浪潮，互联网发展的“下半场”已经开启，传统媒体转型迎来更多机遇。

但是，很多传统媒体虽然在融合转型上投入了很多资源，与高速发展的新媒体相比，依然效果不彰，主要是因为对自身发展逻辑缺少想象力。在渠道流量把握、内容精准化处理并不占优的情况下，没能在内容与互联网发展逻辑之间，产生巨大的、生态级以上的关联化学变化。传统媒体的转型，应该是“大融合”，要用更加开放的方式对待媒介资源重组以及发展模式的重构。

一、媒介融合成功范例都是“大融合”模式

总体而言，传统媒体转型应该是“大融合”。目前，绝大多数传统媒体只是按照“小融合”模式进行转型，成功案例并不多。所谓“小融合”就是在媒介与媒介之间融合重组，形成新的内容生产。

今天的社会生活，包括经济循环、影响力结构，早已不同于传统时代仅靠传播就能完成社会影响力的闭环。智媒时代，主要靠数据、人工智能的驱动力，形成资源配置及彼此之间的匹配耦合等。虽然传统媒体做了很多工作，但这方面优势不一定掌握。互联网传播是无边界的，没有太多市场区隔，容易形成垄断格局。传统媒体要跨越这样的竞争门槛，单靠自身内容资源及内部资源运作很难，需要“大融合”。

没有人把今天的互联网简单地看作一个传播手段、传播工具，它是社会生活的基础设施。在此基础上，传播学界提出媒介化概念，就是通过媒介作用，把政治、经济、文化按照传播的特性、规律、规则，重新组织在一起。

我曾写过一篇文章讲直播带货，直播是什么？直播本质就是用传播的机制、传播的规则、传播的结构，把商业重新进行媒介化重组，利用传播要素的组合，形成一种新的商业流通模式、消费模式。电商直播带货只是直播媒介化、社会媒介化的类型。未来在教育等其他领域，都可以通过直播进行媒介化改造。

过去几年，媒介融合成功范例都是走“大融合”模式。那么，“大融合”需要什么？需要用更加开放的方式，对待媒介资源重组及发展模式重构。连接、开放是互联网改变世界的两个最基本逻辑。通过开放，连接再连接，激活资源加以整合，形成功能，释放价值。仅仅在媒介与媒介之间做整合，相当于自缚手脚，可选择空间有限，可实现的价值处于自我限制的逻辑里，把自己限制死了。

二、平台、数据驱动形成新内容资源配置

传统媒体最大一个问题就是封闭，只把眼光放在自己关起门来十几个人、七八条枪的有限资源里面，对于互联网这种新生产力所释放出来的巨大的传播资源、传播能量、传播内容，要么视而不见，要么视为噪声，视为竞争者，从来没有把它看作自己的资源。

与自身三五年以前相比，传统媒体效率确实提高了，影响力扩大了，但跟互联网的大势相比，你的影响力可能反而在衰退，你的技术效能反而显现不出你的作用。对于互联网生产力释放出来的巨大能量，若不加以利用，仅靠自己的有限资源，在互联网发展中只会越来越显得势单力薄，越来越显得资源禀赋具有局限，想要做的事情就越来越难做到。

互联网改变了什么？就是连接造就了社交网络的崛起，人人都是传播者。过去，只有专业媒体作为信息传播的唯一主体，现在不仅有PGC（专业生产内容）还有OGC（职业生产内容）、UGC（用户生产内容），内容生产者多元化。也就是说，互联网很大程度上已经实现多元主体的话语权

力赋能。

此外，互联网也使渠道跟内容之间二元分离。过去，内容生产者是掌握渠道的，现在传统媒体最大痛苦之一就是渠道越来越不掌握在自己手里，流量越来越不掌握在自己手里，用户在哪儿都已经不知道了，这就是二元分离。

全时在线、万物互联造成大量数据，它能产生大量的内容，采集这些数据通过算法进行机器新闻生成，我们叫作“传感器资讯”。例如，邢台地震速报就不是人写的，而是机器生成的，地震刚发生，新闻已经发出去了，任何人都到不了这个速度。当机器能够生产内容的时候，进一步加剧内容生产主体的多元化。这会产生什么结果？专业媒体生产比例将进一步降低。

在这种背景之下，一个专业媒体如何起到社会导引者、舆论引领者的作用？如果你能看到现代技术逻辑与互联网发展的话，就会明确在前排直接为社会生产只是未来媒体很小的功能，大量的功能是提供某种数据服务、平台服务、规则服务、算法服务。它并不直接自己生产内容，而是把资源、大众、社会、MGC（机器生产内容）这些东西视为自己的资源，透过算法、平台、数据驱动形成新内容资源配置。这实际上就是未来媒体人应该追逐的高度。

三、智能化、数据化将是未来媒介的基本手段

数字转型浪潮之下，给传统媒体生产模式带来哪些机遇？我认为至少可以从两个角度来考虑。

一是产业的角度。互联网发展的上半场主要是连接规模化的过程，把社会生活通过互联网进行相应连接、组合，形成初级连接。其实就是规模化跑马圈地，把内容、用户连接重组，现在基本完成了。在初级连接基础之上就进入互联网发展的下半场，把尽可能多的人，尽可能多的内容、物连接起来。

现在，需要思考在既有规模上如何提升连接价值，在已有连接基础上把互联网对于社会生活的重新组织，加快、加细、加深、加厚，把越来越

多线下生活、线下要素搬到线上。初级连接只是实现信息互通、内容互通，仅仅是信息连接、内容连接远远不够，需要通过互联网创造，在专业领域、社会领域、市场领域进行专门化、垂直化的功能再造。

二是智能化、数据化。智能化、数据化是未来媒介组织社会生活的基本依赖手段。数据海量涌现出来之后，在社会生活的所有角落都会有数据加以说明，可以利用数据进行分析，进行相应的社会匹配驱动。

掌握数据是未来社会传播运作的核心能力所在，谁掌握数据，谁就能够把数据在智能化技术指导之下，做出更有效的价值模式，谁就是未来社会生活组织者。未来，传统媒体的发展重心不仅仅是做内容，更主要的是要把握数据、开发数据，利用数据实现自己在社会生活中的组织、传播优势，成为强有力的掌握者。

四、智库媒体也要以连接来运作

我们观察到，南方都市报向智媒转型，要做中国一流智库媒体，提出“内容智库化、传播智能化”。智库媒体也是要以连接方式来运作的，虽然记者、编辑在某一个领域可能是最好的观察者，但一个咨询机构和智库要解决的问题是综合性的问题，要有交流、融合，不能不与人交换和合作，不能用有限的资源合作，应该眼睛向外，实现资源协同合作，在信息服务、智力服务上都要有开放性的思维。

“内容智库化”就是把内容作两个方面的处理：一是要把内容进行知识图谱式有机化重组。过去，新闻媒介所做的内容是碎片化的，现在用知识图谱把它结构化，价值就会倍增。很多旧闻也可以在这种结构中不断发挥价值作用，对内容自身进行结构化改造，改变单一化、碎片化存在的现实。二是通过内容的组合、应用，发挥最大价值，服务于社会生活。内容应用模式很大程度上使媒介融合概念越来越成为逻辑必然，你要去解决问题的时候，不能按照自身理论逻辑去解决，而是思考解决问题需要什么资源、需要什么理论、需要什么模式，用解决问题的有效性，对内容资源进行重新梳理整合，实际上就是为内容与社会各方面资源的连接提供逻辑上、模式上的开放性。

“传播智能化”就是说今天的传媒生态，有各种各样的圈层，有各种各样的媒体、各种各样的APP等，很难进行所谓一竿子插到底的传播，只有智能化才能通过数据驱动、智能算法，找到共同点，找到路径，找到可能适应于大家接受或者实现匹配的场景。智能化是把复杂的、碎片化的、微粒化的社会，通过智能化加持形成有效连接、有效协作。“传播智能化”是今天媒介生态之下实现媒介的功能、媒介的价值的关键性技术，没有这样的技术加持，很难用传统方式实现传播目标。智能化是工具，把复杂的问题变得更简单，把难以控制的问题变得更易于控制。

五、从内容传播者走向社会生活组织者、服务者

南方都市报连续多年推出“广州城市治理榜”、个人信息保护研究报告等，在参与政府、社会、行业治理等方面，越来越凸现出媒体的价值。媒体就应该成为未来社会生活的组织者，无论是在政治领域、经济领域还是社会生活、城市发展方面，都应该成为组织者，按照自身资源禀赋优势制定个性化发展策略。

由过去封闭走向开放，由单一内容传播者走向社会生活组织者、服务者，就是未来媒介发展的基本方向。传统媒体应该扮演多样角色，一个组织者、串联者、连接者、激活者、实践者和行动方案的建设者、考评者。从实践角度来说，是连接过去、现在以及未来的系统谋划者、思考者。

尤其是5G时代的到来，传统媒体迎来新的发展契机。5G时代是一个强强联合、协同合作的时代，传统媒体需要利用自身核心优势，利用技术优势去影响更多群体。

信息传输的高速率，意味着视频会越来越成为社会表达的主流语言。过去，我们习惯用文字进行社会关键性问题的表达，未来社会沟通更大程度是视频，视频的作用地位会有明显主流化的提升。因此，要学会利用视频语言进行社会传播、社会沟通以及社会价值的传导。这是以文字为传统纸媒重要表达方式、载体手段的转型，也是未来传播产生影响力的重要着力点。

5G时代还会有一个泛众化过程，越来越多的人参与到实时性社会传

播中。虽然社交媒介的崛起带来所谓人人都是传播者，但实践表明，书写文字的精英化逻辑影响相当深厚。但视频不同，视频的带宽能够容纳更多表达维度、表达要素、表达形式，很大程度上除了精英表达逻辑，还有很多非精英甚至是亚文化表达方式。当表达方式去中心化的时候，精英表达如何破圈，形成广泛的社会影响力，这是传统媒体发展中需要思考的重要课题。

作者系教育部“长江学者”特聘教授、北京师范大学新闻传播学院学术委员会主任、中国传媒经济与管理学会会长

平台化和智能化浪潮中的媒体深度融合

□张志安

一、媒体角色变化，在社会治理中发挥更大作用

我们已经真实地进入平台时代和平台社会，互联网超级平台既是信息沟通和社会运转的基础设施，也在创造着全新的消费场景和数字文化。新冠肺炎疫情期间，互联网平台的数据智能极大地助力了疫情防控的科学化和现代化。不过，其中的隐私边界、数据伦理和社会治理公共性问题还需要在探索中反思和研究。

2020年我到上海、杭州等地出差，发现一个有意思的现象：上海市的疫情管理认可各地的绿码，但杭州的关卡则只接受本地的健康码。比方，在上海虹桥机场，我使用“穗康码”或“粤康码”就能通行，而在杭州，我一定要扫杭州当地的二维码，输入数据才可以。这就是在此次疫情中暴露出来的区域间数字隔离的问题。类似的这些问题事关社会的公共利益，需要媒体跟踪关注，并起到议程设置的作用，从而推动当地与区域政府决策的针对性安排。这就是媒体功能和角色变化带来的新要求和新挑战。

如今，在协同共治的大背景下，我们更加呼唤传统媒体要发挥出特殊的不可替代的价值。过去，媒体被认为是社会的瞭望者，用公共价值的视角去观察、评价继而推动社会进步。现在，传统媒体不能仅仅作为旁观者，而是既要扮演好记录者角色，又要强化推动者的角色。从主流趋势来看，媒体的职责越来越趋向于服务区域经济发展以及推动国家的

治理能力现代化方面。换句话说，对传统媒体作为推动者的角色要求比过去更高了。

二、融合发展就是“经营内容两手抓，两手都要硬”

互联网扩张带来信息的大爆炸，拥有互联网技术优势的新媒体得到蓬勃发展，而曾经拥有举足轻重影响力的传统媒体却日渐式微。传统媒体与新兴媒体融合是大势所趋，坚持媒体之间优势互补、融合发展成为传统媒体转型的必经之路。

那么，目前传统媒体转型主要有哪些路径？下阶段深度融合发展的方向在哪里？我认为，传统媒体转型的前一阶段，主要聚焦于“中央厨房”、融媒体中心的建设；面向互联网端的新闻生产流程改革，包括改造新闻素材的收集、内容的生产、内容的汇聚以及内容的分发；围绕重点宣传任务进行融媒体的重点报道、产品创新。

此外，传统媒体还在积极探索经营业务的转型，思考内容生产过程中如何增加新的增长点。具体来说，传统媒体在面向移动端传播的过程中，通过引入智能技术，强化数据的运用，助力可视化产品的创意策划。同时，以业务为导向，以客户为中心，传统媒体通过体制机制改革整合内部的人力、财力、渠道等资源，打通阻碍业务经营的壁垒，拧成一股绳，把自身的品牌价值更大地发挥出来，挖掘持续变现的能力。

下个阶段，随着平台媒体作为信息传播核心枢纽的功能不断强化，亟须解决专业媒体与平台媒体的相互嵌入关系。越来越多的媒体会从内容生产方变成一个内容提供的平台，这种角色、功能分化的现象不仅发生在微博、微信，还会增加到今日头条、抖音甚至B站等平台。专业媒体会愈发重视他们在平台媒体上影响力的实现与转化，通过加大进驻后运维工作的投入，开掘出更多移动传播方面的价值。

总的来说，传统媒体融合发展就是“经营内容两手抓，两手都要硬”。现在，有一部分媒体仍然保持着原创内容生产的专业能力，甚至比以往更加强调原创的高品质内容。他们观察到高品质内容的稀缺性，以内容付费或其他合作形式获取较好的经济回报。例如，疫情期间无论是财新传媒还是《三联生活周刊》，广告收入与部分业务收入得到明显的增长，这就是深耕内容的结果。

不过，深层次来看，传统媒体既要坚守内容品质，更要变革内容形态，深度思考媒体注意力经济价值变现的新路径。一方面，发挥媒体注意力经济的品牌和权威价值；另一方面，更要挖掘媒体与平台对接、分享和开发平台注意力经济的变现方式。

三、专业媒体与平台媒体要互补，推进媒体深度融合

今天，社会对内容的理解变得越来越宽泛，即具有信息属性的特色产品都可视为内容。不管是短视频还是数据报告（如南都做的各类分析报告、榜单），都是专业媒体输出的具有信息属性的内容产品。

鉴于此，一方面传统媒体要继续深耕这些内容产品，把自身的垂直化、专业化程度做到极致，持续为客户提供价值；另一方面，传统媒体要面对平台化、移动化的问题。欧洲有学者提出“平台社会”的概念，我带领的研究团队这两年也在做平台媒体、平台经济、平台治理问题的研究。比如疫情期间南都的数据治理，关注的就是平台媒体如何嵌入国家治理现代化中。再比如之前南都评估APP的隐私政策，关注的也是平台与公民隐私数据的问题。

我认为，媒体要更深刻地观察平台社会的运作逻辑、平台经济的运行规律以及平台媒体的发展趋势，让专业媒体与平台媒体协同发展，媒体深度融合的关键就是理顺专业媒体与平台媒体的内在关系。如果两者是互补关系，媒体深度融合就具备推进的条件；如果两者不能实现优势互补，即便专业媒体生产的内容、形式做得再好，要高效精准地到达受众并产生舆论影响力也是很困难的。

当下，传统媒体基本都调整了内容分发的策略，以移动端传播为主，再好的内容创意也离不开移动传播去实现对用户的到达。例如，疫情期间南都记者用特写镜头拍摄“最美逆行者”摘下口罩的面容，这组充满社会意义的特写照片不仅呈现在报纸版面，还特别注重在不同场景的分发，比如投放在城市街头的户外屏幕，多样场景的“毛细血管”作用有助于充分

发挥出这个内容产品的影响力。简而言之，媒体融合既要求内容生产方在垂直化、专业化上保持、提升品质，还要求平台化、移动化的转变来塑造内容分发的影响力。

当然，在媒体融合发展中，我们还需要注意意识形态化、主流化的要求。国家、地方政府对媒体舆论引导的要求越来越多、越来越高，从“入眼入耳”走向“入脑入心”，不仅要求做到内容的高覆盖呈现，还要求做到符合新媒体传播规律，拥有生动的传播效果；不仅要有创意的展示，还要能从专业角度阐释社会发展的动态，解释复杂的社会现实，增加公众对文化的坚守、对体制的认可、对道路的自信。

四、传统媒体的数字化转型，应保持更清醒的头脑

数字转型浪潮之下，传统媒体的生产模式也将迎来巨大机遇。诚然，数字化是社会发展不可阻挡的趋势，但对于数字化转型，传统媒体尤其要秉持公共性的价值理念，要看到社会在数字化过程中存在的一些挑战：

一是永远有一部分人拒绝拥抱数字化，媒体要保留这部分人在数字社会的基本权利。媒体既要积极拥抱数字社会的变化，又要冷静地观望、冷静地审视。关注、思考包括数字鸿沟、数字权利在内的一些基本问题是媒体的公共责任。例如，如何保证中老年人在网约车遍地的情形下出行的权利、传统支付的权利？网约车软件能不能设置一个功能，可以让老人出发之前以打电话的形式约车，又或者让他们可以比年轻人晚三五分钟时间下楼？当科技浪潮扑面而来时，媒体有没有站在浪头密切注意到这些现象，有没有坚守社会公器的使命，呼吁平台企业解决问题，值得大家思考。

二是由平台垄断导致的数据安全问题，这个问题国内媒体讨论得不多。随着一些互联网企业在各个领域的全面布局，人们的日常生活渐渐都离不开那几个手机软件，这就涉及数字素养的问题，涉及老年人、青年人等公民对数据隐私的敏感性。比方，疫情期间，出于联防联控的形势需要，公众通信数据、移动轨迹数据被大量收集，如此大规模的数据存放在互联网平台是否安全？疫情缓和后，如何避免过度收集数据？这些问题同样需要媒体去关注。

三是媒体自身的挑战，即如何借助数字化转型更好地参与社会数字化治理，或者说网络社会治理。仍然举一个疫情期间的例子，南方都市报做了很好的尝试，在疫情紧张时期，它上线了确诊病例的轨迹查询工具，供居民搜索了解，用数字手段保障公民在特殊时期的知情权，也有助于社会情绪的平缓。这就是媒体在用数字化技术推动公共卫生事件暴发后的社会治理现代化。再者，南都推出的“广州城市治理榜”通过建立主要指标体系来衡量地方、部门治理效果，促进政府提高治理能力。数字化为媒体提供了发挥自身专业优势的机遇，如果能善加利用技术手段，那么既可以实现社会效益，又能够提高经济效益。

五、媒体必须要考虑扩大和实现信息到达的场景传播

随着通信技术的发展，传播智能化成为业界、学界都在思考的问题。传播智能化主要分为内容生产的智能化、内容交互的智能化以及内容分发的智能化三个环节。生产智能化就是机器学习完成稿件写作，交互智能化主要是受众与内容的交互感增强，分发智能化主要是算法推荐，根据用户兴趣、偏好推送资讯。我的观察是，目前南都的传播智能化更多体现在分发环节，经由算法推荐，让优质内容通过各大平台，包括南都APP、网站等自主平台，更精准地到达目标用户社群。

2019年被称为“中国5G应用元年”，这对传统媒体的传播智能化及转型发展必然带来更大影响。前段时间，我给华为5G计算产业相关事业部门作了两次讲座，并且对他们部门进行深入细致的考察。5G技术及应用场景对传播业态的影响，我觉得主要体现在三个方面：

一是5G实现人联网、物联网、互联网深度融合，未来场景传播的形式会更主流。届时，越来越多的人会基于沉浸式体验来获取资讯，例如在家庭的场景、工作的场景、娱乐的场景、对话写作的场景。展望未来的场景传播，媒体要思索哪些场景中可以体现自己的内容特色、传播创意。

二是内容生产的视觉交互化。以增强现实技术为例，5G对它的影响比其他领域更有意义。虽然目前VR（虚拟现实）头盔仍然有体验上的不足，但5G技术对它的解决将促进增强现实技术的大范围使用。以后，内容直

播可以以背包方式实现，具有轻便、快速、感受力强的优势。无论是媒体做重大现场新闻报道，还是短视频直播，使用增强现实技术会成为主流趋势。基于此，媒体要考虑找到更多信息精准和广泛到达的传播场景。

三是媒体的角色与定位。5G技术引领的“万物皆媒”时代可能进一步放大碎片化传播的态势，这对于传统媒体在信息服务与舆论引导方面造成了更大的考验。在不久的将来，传统媒体如何深度嵌入数字消费生活并发挥舆论引导的功能？目前，媒体领域5G应用和交互式VR应用的比例仍然不高，这种空缺是传统媒体掌握新兴技术，保持未来角色的至关重要的机会。主流媒体、地方政府部门、行业主管部门应当加强沟通协作，在内部、外部形成合力，推动主流媒体植入5G互联网应用领域，在一些关键节点、关键场景达成共识，赋予主流媒体更多的职责。否则，在转瞬即逝的机会前，主流媒体将失去推陈出新的动力和魄力，也有可能就此失去未来互联网传播的重要阵地。

以南都娱乐为例，它可以抓住技术驱动下内容智能化的机遇，利用目前既有的影响力与资源，开拓5G应用娱乐体验产品。放眼国外，日韩已经着手开发明星与粉丝交互的产品，借助增强现实技术，为粉丝提供与明星亲密互动的体验。例如，粉丝戴上VR头盔能与喜爱的演员聊天，演员给粉丝喂糖，这就属于娱乐业的5G应用场景。目前，5G应用场景的探索与结合在国内还处于起步的阶段，缺乏有认可度和一定使用规模的体验产品。作为不具备技术优势的传统媒体，只有在应用领域实现突破，才能更好地搭上5G这趟车。

六、媒体做智库要更深入打通渠道，与决策部门有效对接

媒体转型发展其中一条可借鉴的路径就是智库化。目前，南方都市报向智媒转型颇为成功，提出了“内容智库化、传播智能化”的理念。在内容智库化方面，南都已经走出了很坚实的一步，“新闻报道”“智库产品”花开两朵，互相促进，以公开报道推动、服务社会进步，以智库、内参方式推动城市治理现代化。其中，“广州城市治理榜”、区域营商环境测评等都是具有典型意义的产品，南都通过数据评价、榜单排名，助力城

市治理。这些智库产品很好地凸显了媒体的价值：对社会问题的敏锐视角，体现媒体议程设置的价值；通过数据收集、指标分析，发挥智库推动治理的价值。

不过，媒体转型成为智媒需要着眼协同性。当智库产品能与相关政府部门形成渠道对接，则可以实现更好的输出。因此，智媒需要更深度的外部协作，扮演好连接者的角色，如连接最强的高校学者、最强的科研机构，让智库产品报告通过多方协作，发挥出更大作用。比如，有关粤港澳大湾区的研究，可以更多地与国家高端智库中山大学粤港澳发展研究院合作；涉及城市治理、社会治理的问题，可以与一些大学公共政策研究院共商。

媒体做智库一定要打通传递渠道，与政府决策部门进行有效对接，让自己真正成为一个连接各方资源，具有更强政策影响力、推动力的媒体智库。

作者系中山大学传播与设计学院教授、国家高端智库中山大学粤港澳发展研究院副院长、中国新闻史学会应用新闻传播学专业委员会会长

协同共治是媒体融合的评判标准

□韦路

2019年1月25日，中共中央政治局新年的第一次集体学习就将主题定为“全媒体时代和媒体融合发展”，还把“课堂”设在了人民日报社媒体融合发展的第一线，强调“推动媒体融合发展、建设全媒体成为我们面临的一项紧迫课题”，再次凸显媒体融合工作在当前国家战略中的重要地位。在这一背景下，媒体融合以全球瞩目的速度在中国大地上推进。

一、媒体深度融合发展将实现五个全覆盖

当前，学界和业界对“媒体转型”这一概念众说纷纭，但基本都认为媒体融合是媒体未来发展的方向。从媒体融合发展的角度来说，媒体转型主要表现在服务领域、服务对象和服务维度三个方面。服务领域上，传统媒体从完全以新闻为主，朝着为政务、商务、生活领域提供相关服务的方向发展。服务对象的拓展也是媒体转型的方向之一，传统媒体受众以普通读者为主，但媒体融合时代，除了传统意义上的受众，媒体还同时为政府、企业、社会组织等对象提供信息服务。

另外，媒体转型过程中服务也在向知识的更高维度发展。社会科学中的knowledge hierarchy，中文翻译为“知识金字塔”或“知识等级模型”，其将数据、信息、知识、智慧依次纳入一种金字塔形的层次体系。以往传统新闻媒体提供的多为信息服务，如采写新闻报道后发布于报纸、广播、电视，称为新闻信息。但现在除了信息，媒体开始涉及知识等级中的其他

各层级，比方说数据是很多媒体当下的关注焦点。大数据时代，数据的重要性增加，人们关注的是如何更好地挖掘数据资源，提升数据价值，为各种不同的对象提供服务。南都现在所做的智库实际上是在往知识服务方面发展，是在知识金字塔中第三层知识层面的重要尝试。这一尝试相当于通过媒体的研究和加工，把原来意义上的数据、信息转换成为直接的知识，提供给政府、企业或是社会公众。这是在信息服务的层次上又往前迈进了一个台阶。知识等级的最高层是智慧，这是信息服务的最高目标，也是做智库实践的最终目的，希望通过智库产品，使社会朝着更加智慧的方向发展。

基于上述三个媒体转型的面向，传统媒体下一阶段的深度融合发展将会实现五个方面的全覆盖，这也是未来媒体转型发展的机遇。第一是实现横向和纵向的全覆盖，所谓横向指的是区域，纵向指的是媒体级别。地域上，媒体融合发展将从东部地区逐渐覆盖全国；级别上，从中央媒体至县级媒体实现全覆盖。第二是媒体形态将会实现全覆盖，从文字、图片和传统的长视频到短视频、动画、动漫、互动视频等媒体形态多样化组合，这也是通常讲的媒介形态上的全媒体。第三是传播过程的全覆盖，即数字技术将渗透传播的整个过程，从前期采集、中期生产、后期分发到效果评估反馈等。第四是服务领域的全覆盖，即政务、商务、生活领域的全覆盖。第五是服务对象的全覆盖，即政府、企业、社会组织、公众等对象的全覆盖。

二、媒体融合发展：国家治理体系和治理能力现代化的重要途径

在现在协同共治的大背景下，媒体融合发展是国家治理体系和治理能力现代化的一个重要途径。在推进媒体融合发展时，也应站在这个高度来思考媒体融合的目标和使命。媒体融合是否成功的一个重要评判标准就是其在国家治理和社会治理当中有没有发挥应有的作用。

南都对城市治理、新经济新业态等方面的持续关注与研究，无论是“广州城市治理榜”、个人信息保护系列研究，还是网络生态治理研究等产品，既是发挥媒体在政府和公众之间的桥梁作用，也是媒体功能和社会责任的纵深体现。而南都在媒体智库领域的探索也会让媒体的功能变得更

加多元、强大。

施拉姆从政治功能、经济功能和一般社会功能三个方面对大众传播的社会功能进行过总结。三种功能之中，国内媒体相对更加注重政治功能，但经济和社会功能也很重要。南都在新经济新业态方面的研究就发挥了媒体的经济功能。媒体的经济功能主要体现在通过发布各类经济信息促进社会经济发展。现代信息社会中，各行各业都在围绕信息做文章，甚至都是以信息为基本生产要素。媒体的优势就是信息，如果能够深耕媒体所掌握的数据和信息，发现经济和产业发展的新特点、新领域、新趋势，对于引领社会经济发展将具有非常重要的意义。

针对城市治理的研究可以看作南都在媒体社会功能和社会责任上的体现。媒体责任是媒体如何通过舆论监督来推动社会发展，这是媒体特殊且重要的社会使命。以往媒体更多通过传统意义上的新闻报道进行舆论监督，推动社会改革，但现在可以通过附加值更高、指导意义更大、可操作性更强的智库产品来体现这种责任。比方说南都所做的智库成果，就是围绕目前社会发展的热点议题，不仅揭示问题、分析原因，还给出了解决问题的办法和对策。这样的智库产品，能够更好地体现媒体的社会责任，能有力地推动社会发展。

三、南都应立足广东，辐射全国，走向世界

南方都市报坚持“内容智库化、传播智能化”，符合媒体产业和传播技术的发展方向。“内容智库化”，契合的是媒体产业的发展方向。在知识等级模型上，南都显然已经超出了传统意义上的数据和信息，向着更高层级的知识和智慧目标发展，这也是媒体产业升级的必然趋势。

“传播智能化”对应的是传播技术的发展方向。现在新技术众多，其中人工智能技术最受关注，也是当前互联网技术最重要的发展方向。所以从智能媒体这个角度，如何推动传媒行业的转型升级，如何提升传媒的功能价值和社会责任，南都都有很好的探索，具有引领意义和示范作用。

未来南都应继续保持势头，拓宽格局。网络时代下，南都已经立足广东，辐射全国，未来更应走向世界。国际格局风云变幻，中国的媒体要有

所作为。除了把原来的事情做好，南都更应站在全球的层面，体现自己的使命和担当。作为一家国内知名度和公信力很高的媒体，南都应考虑的是拓展影响力范围，为构建人类命运共同体作出自己的贡献。在智库领域，南都大有可为，可以在立足广东、面向全国提供智库服务的基础上，站在全球层面，通过更大范围、更高层次的数据分析，为中国处理国际关系、参与全球治理提供智力支持。

作者系浙江大学传媒与国际文化学院院长

从线下传播生态到数字传播生态

□辜晓进

“报业转型：颠覆与重生”，这是我重走美国大报，对话美国30位报业大咖，聚焦美国报业转型最新理念以及创新实践之后的深刻感受。没有人想到报纸长期形成的商业模式会被颠覆，真正意义上的数字化转型已经在美国报业全面展开。

现在，国内以报业为主的传统媒体，转型与国外没有太大区别，都是一个大方向：将生产、传播转移到数字端，在数字平台获得较大规模受众。传统媒体必然需要适应人们获取信息根本方式的改变，由原来线下传统的传播生态，转型为数字传播生态。

一、传统媒体转型探索三大方向

以报业为主的传统媒体，与广播、电视有所不同，电视、广播本身就是电子媒体，视频、音频比报纸更接近数字媒体。传统报业转型主要方向就是将生产、传播转移到数字端，在数字平台获得较大规模受众。

但是，有了数字受众，并不等于成功转型，建立可持续商业模式是重要的检验标志之一。具体路径上，我认为主要有三大方向：

一是大多数报纸正在做的免费方式，通过扩大受众，争取在线数字广告。报纸广告的衰竭趋势已经不可逆转，最终要依托数字端获取广告，但国内报业数字广告获得量，与国际尤其是美国报业相比存在相当大的差距。目前，大多数报纸客户端或者网站、视频，其数字商业广告收入并不多，有很多甚至可以忽略不计。

二是尝试内容付费，这方面国内也作了积极的探索，目前国内以财经媒体、专业媒体为主的数十家报纸仍在坚持。在国内当前环境下，这种模式还比较艰难，因为我们的内容生产，无论是质量还是数量，都很难赢取刚性的阅读需求。

三是多种经营，在数字端实现第三方收入。在这方面，中国有自己的创新。也就是说，传统上用注意力换取商业收入的模式，对报纸来说不足以获得足够广告收益，也不足以获得足够内容变现。国内很早就有报纸在做多种经营，包括房地产、零售等，但更引人入胜的是线上数字形态的多种经营，包括南方都市报发布的各类智库报告，新京报、澎湃新闻的数字版权，深圳晶报做的公众号代运营，都非常好。国内传统媒体转型有自己独特之处，有值得总结、推广的经验。

二、扩大数字平台受众规模是成功的前提

那么，如何定义转型是否成功呢？

首先要获得较大规模的受众。数字平台的受众规模，与过去线下传统媒体阶段的受众或者读者量、发行量规模，不可同日而语。

以往在传统媒体环境下，报纸发行二三十万份就能赚钱了，活得不错，可以获得相对足够的广告额，发行量也有一定收入，两者相加可以实现生存和再生产。

但是，二三十万发行量在数字平台显得微不足道，传统媒体转型必须要在数字平台上获得更大规模受众。其实，包括Meta（原名Facebook）、今日头条等互联网公司，都是在海量受众基础上建构的商业模式。因此，扩大受众规模是传统媒体建立新型商业模式的前提。

然后，在扩大受众基础上实现盈利，打造可持续的商业模式或者盈利模式。目前，美国、欧洲的报业都有一些非常成功的案例，国内的人民日报等也已获得较大规模的受众，商业模式的建构还在努力探索中，大多数传统媒体也在朝这个方向努力。检验标准就是两点：足够的数字受众规模、可持续的商业模式。

三、数字转型浪潮带来四大机遇

而要获得较大规模的数字受众，自然离不开数字化转型。数字转型浪潮，给传统媒体或者新闻内容生产商带来了一些重要机遇，具体可以概括为四种。

一是以优质内容获取海量受众。在传统媒体时代，获得的受众远远谈不上海量，数字时代对传统媒体而言，只要内容稍微做得好点，可以抵达的受众人群就会比过去多得多。从这点来说，数字时代带来了很大机遇，传统媒体可以通过各种平台、渠道使内容最大化、读者最大化、受众最大化。我比较担心的还是传统媒体的内容生产，有全方位萎缩的趋势。要做到常态化的较大规模受众量，传统媒体有很大的拓展空间。换句话说，这也是成功转型的一个前提。

二是实现垂直化的市场细分。传统媒体时代都是“大路货”，内容涵盖面很广，谈不上垂直，谈不上精准，谈不上细分，报纸发行量哪怕很大，也很难判断究竟哪些内容对哪些受众有价值。但在数字时代，它是可测量、可识别的，有助于设计独特产品，实现垂直化，实现市场细分。超大规模、平台级的数量，追求上亿或者几千万级受众量，对地方媒体哪怕省级媒体，都不是很现实的考量。

而地方媒体做垂直化，数字时代提供了非常好的条件。面向特定受众群，能产生深度黏合进而产生盈利模式的产品。目前，美国、欧洲这方面做得比我们好太多，很多APP在垂直市场也能做到很大受众量、很高黏度。受众驻留时间是广告商最看重的，也是地方媒体或者内容做得很好的媒体可以做的，空间很大。例如，纽约时报虽然有海量受众，但仍开发了好多垂直客户端、垂直数字产品，做的美食、智慧生活客户端，让人们更有效地享受现代科技带来的生活改变，成为盈利非常好的客户端。

三是创造出多形态融合的传播新生态。从美国麻省理工学院普尔教授1983年提出的媒介融合，到同是麻省理工学院教授的詹金森21世纪初提出的融合文化，再到后来的微众生，媒介融合已经发生很大变化，由过去一个媒体公司里面同时拥有报纸、广播电视、网络的融合，到后来文化的媒介融合，其实都不是我们现在所要的融合。现在需要的是具体传播形态的融合，这方面国内报纸也有着较大差距。例如，我发表一篇新闻，新闻文本里能不能同时实现文字、图片、视频、音频甚至VR融合呈现？国内大多数媒体客户端，做得并不好，大多数产品还是“文字+图片”的形式，与传统媒体时代没多大区别。即使有视频，也主要作为独立内容存在，而未能实现与文本的嵌合。在一篇新闻“文+图”的内容中，同时嵌入视频或音频的融合呈现得很少。相比，打开纽约时报、华盛顿邮报、今日美国等APP，首页内容大多数都是同时呈现上述形态的超文本形态，也是现在受众最喜闻乐见的。例如我们报道一个地铁线开通，报道中嵌入一段相关视频和可点开查看的沿线车站运行图，就应当是这类融合报道的标配。数字时代及不断涌现的信息技术，给这种生产带来很大机遇，完全可以在这方面做出更受欢迎的产品。现在，新闻文本内容不包含视频，是很大的缺陷，国际上很多主流媒体已经做得很清晰，值得我们借鉴。

四是传统媒体数字转型也有值得欣慰的地方，越来越多数字平台可以为我们所用。现在有很多社交媒体，有更多视频平台，比如快手、抖音，报纸也有客户端，还有与ZAKER（扎客）、腾讯等数字媒体合作的机会。例如很多传统媒体已进驻抖音，但除了人民日报等少数报纸，大多数报纸客户端的受众量普遍不高。

现在，有太多数字平台为传统媒体所用，抵达受众更方便，但如何把注意力收回到自己网站，做得不够好，大多数网民只是在移动端，反倒忽略PC端的内容获取。美国、欧洲虽然以移动端为主，但PC端受众量并没有减少。在桌面PC或笔记本电脑上消费深度数字内容以及视频产品，仍有其独特优势。因此，传统媒体在让更多数字平台为己所用时，不能忽略PC端内容生产，官网应视为报纸所有数字端的大本营，移动端有的，这里应该都有。纽约时报的所有客户端都可在主官网上观看。所有数字端（包括社交媒体）形成的注意力，要设法导回到官网，这才有助于实现注意力变现。我注意到国内很多报纸网站不太重视内容生产与更新，或者更新很慢，这是不明智的。

四、“内容智库化、传播智能化”具开创性意义

南方都市报2018年成立大数据研究院，向智媒转型，提出“内容智库

化、传播智能化”，我觉得南都智库做得非常好，很有开创性。目前，国内还有别的媒体在做智库，包括人民日报的人民智库、光明日报的光明智库等，与美国同行相比，中国媒体在这方面做得更好。

根据我的观察，美国报业同行在智库方面意识不那么强，没有明显的经验。在全球报业寻求收入多元化的态势之下，南都智库无疑是具有创新价值的转型举措。说到底，智库是把内容价值最大化的一种有效途径，不仅采集内容，而且把内容进行梳理、分析、分解，与客户需求对接，进一步在内容上叠加生产，创造新的效益。

这种智库方式也是报业转型中实现内容杠杆化的有益探索。内容生产很不容易，怎么把价值最大化，用杠杆手法让内容为更多阶层、更多受众包括机构受众服务，不仅仅是信息的接收，而是把内容渗入到社会治理。因此，媒体做智库不仅对转型有好处，对社会有好处，对媒体的美誉度、影响力也有好处。

传统媒体转型的终极目标就是，不只是将报纸作为新闻发布载体，而是打造信息服务的供应商。例如，某地发生水灾，不只是告诉读者哪里发生水灾，还要告知水灾产生的影响以及历史对比和基于大数据的发展趋势等，经过分析得出更多信息，是信息服务的高级供应形态。

传播智能化是数字转型的题中应有之义。要把算法、个性化、智能化、大数据等一切科学应用，作用于内容传播，适应数字时代、智能时代，适应受众的个性化需求和在地性需求，总之是要适应受众无时无地不在的信息需求。

智能化传播是大方向、大趋势，包括算法个性化、智能机器人生产，需要去探索。与国外相比，国内稍微欠缺的是主动推送做得不够，美国、欧洲已经做成移动传播的一种顶级需求。手机里下载几十个APP，不一定都去打开，但只要把几个、几十个权威APP抓在手里，不愁不知道世界上的事情，它会及时推送重要信息；而且，推送不仅仅在手机上，还会自动推送到邮箱。国外对推送做了很多研究，是靠谱的，我手机里现在有国内十几个客户端、国外十几个客户端，获得有效推送最多的全部来自国外，国内的不多。例如，我手机上有CNN（美国有线电视新闻网）客户端，不用打开，重大国际事件第一时间已经知道。根据推送，再去客户端阅读详细内容，这就是智能化传播的一个重要表现。前些时候有朋友在一些群里和朋友圈甚至直接转发给我一条信息，称普京女儿在注射第二次新冠疫苗后身亡。对此消息，我瞬间即可证伪，因为我手中的所有国际媒体都未推送有关此事的突发新闻，来自加拿大的一家常常造假博人眼球的小媒体的信息怎么可信？事后证明，就是这家媒体的恶意造谣，它自己也撤回了相关消息。

五、传统媒体技术赋权有很大空间

此外，在技术赋权方面，国内传统媒体有很大提升空间。目前，国内传统媒体与技术结合不够紧密，与技术公司、科技公司合作不够。比如，国外新闻媒体的数字端实时监测做得很普遍，我所观测到的所有报纸都配备了这种24小时不间断的监测，而且编辑部所有员工都能看到。媒体生产的内容在数字端的表现、阅读数量、互动反馈、平台对比等，都随时可见，并由此积累出客观可靠的第一手大数据。国内很多媒体正在做的“中央厨房”，大屏幕上的此类测量数据，都不是常态化的，都是遇到重大事件时候才火力全开的，即便如此也不如国外那样全面、细致、及时。

还有注意力回收问题。美国很多主流报纸，只要读者在社交媒体或者某些方面阅读内容，就可瞬间实现自动跳转，进入其官网或APP内容。例如你在推特上看到的都是简短消息，若想查看详细文章，只需一个动作，即点击上面的链接，瞬间即呈现出来自官网或客户端的全文，而不像国内包括今日头条等媒体那样，还要跳转到搜索引擎或进入客户端，经过多个环节才能看到全文内容或视频，很多受众往往就此打住了。这一点是非常重要的，自动把流量回收到传统媒体官方网站或主客户端，慢慢形成一种向心的注意力经济，才有助于建构新的商业模式。美国现在数字广告收入已占据报业广告收入总额的三分之一，就与此有关。否则，尽管我们社交媒体有千百万关注量，也难以形成对等的广告效应。我觉得这里面有个技术问题需要解决。传统媒体需要与科技公司合作，但国内科技公司专为传统媒体服务的相对也较少，如美国和欧洲的在线传播测量主要由美国一家叫作Chartbeat的公司提供服务，中国尚无这类公司。

技术赋能对于大多数传统媒体来说是必须加强的方向。南都在技术方面投入明显，包括组建了专门的技术委员会，这也是比较成功的介入方式。我认为媒体有几个方面是其他机构不可替代的：内容生产的专业性、信息披露的权威性、传播技术的专指性、新闻发布的协同性以及社会动员的有效性。在中国的传媒体制下，媒体与政府部门有着方方面面的协同传播机会，这种协同性及社会动员的有效性，让媒体具有不可替代的价值，使得媒体在城市治理、舆论监督、物质服务乃至社会治理规章等方面的作用不可低估。南都这方面作了很多探索，已经超出传统报纸的职责范畴，值得继续探索与挖掘。

六、传统媒体可深入共享共建共治过程

传统媒体已经不单单是信息披露机构，而是需要更深度介入社会各方面。

现在，国际上有一种建设性新闻。新闻内容生产不再只是披露信息，而是介入和跟进新闻的走向，推动新闻产生更好的社会效应。这种建设新闻在社会发展中，包括南都的“广州城市治理榜”、网络生态治理研究、个人信息保护研究等，都大有用武之地。媒介可以做很多，成为更大的、更有效的内容生产服务机构。

不过，目前传统媒体在舆论监督方面做得不够，或者说在退步。比如大学生被冒名顶替等多个民众关注的社会事件，都不是传统媒体领头做起来的，传统媒体需要做得更好，实现舆论的真正引领作用。

此外，传统媒体更需要积极参与城市治理、社会治理，参与行业共建共治。其实，媒介参与行业共建共治，参与政府、社会的共建共治，在中国是有传统的。毛泽东同志在对晋绥日报编辑人员的讲话中就强调了报纸可以将一方的经验传递给其他地方，推进工作更有效进行。由于体制原因，中国媒体与政府有一种天然亲近的关系，传统媒体可以更加科学、更加有效，与数字时代更加契合，通过深度信息服务来实现共建共治。

用喻国明教授的一句话说，互联网已经成为社会的操作系统，就像电脑里的CPU（中央处理器），离开互联网一切都会停止运转。在这种情况下，内容的传播、信息的处理是普遍的需求，传统媒体可以以内容传播、信息处

理为抓手，深入到共建共治共享过程。例如，政府、部门机构有向外发布信息的需求，要做微信公众号、客户端等，媒体完全可以代运营，因为我们是专业的生产商。政府也可以通过购买服务实现专业化的信息发布，这方面传统媒体有很大空间，需要更具想象力的探索。媒体属于创意产业，有想象力，有设计能力，完全可以为未来各种可能性形成独特方案。

七、南都应在垂直化细分市场做出样板

在我眼里，南方都市报是一个勇于创新、善于创新的主流媒体。我是看着南都发展起来的，对它期望很高。

长期以来，广东拥有报纸数量最多，内容生产力很强，在全国的口碑甚好，但到数字时代，就显得有点落后，迄今还没有一款数字产品在全国产生广泛影响力。广东为什么不能出现一个？我对南都寄予相当大的期望，但在这个过程中有一条不能忽略，就是内容生产能力。

未来，数字平台技术门槛只会越来越低，最后比拼的就是内容，世界媒体趋势也是朝着深度发展。而深度内容生产本来就是报纸的强项，现在却变成了别人的，变成一些自媒体的。在数字平台生产方面，传统媒体应该利用内容来引领。现在，国内传统媒体在内容生产方面与美国报业同行已经有很大差距，别人在数字转型中孜孜以求把内容做得更好，大多数报纸在做付费墙，内容做不好谁愿花钱，是不是？这是分分秒秒决定自己生存的关键点。因此，需要把内容做到最好，同时也在传播形态和传播速度上勇于创新，多形态融合就是为了满足这样的需求。

生产优质原创内容，让内容产生刚性需求，传统媒体对此应高度重视。对比国际，在数字平台商业模式建构上，南都可以再多走几步。比如在垂直化细分市场能不能做出一个样板？在欧洲、美国大把这样的案例，在国内很少找到，南都在垂直化市场细分方面应该多作探索，在数字平台、数字产品上做出一些爆款。

总之，希望南都能够创造出更多好的经验。

作者系深圳大学传播学院教授、博士生导师

媒体从业者如何培养“数商”

□涂子沛

如果数据有温度，那应该是“37摄氏度”。

这是人体的温度，也暗示着数据未来要和人类每时每刻共存共生。今天，我们每个人对数据的需求都是极其强烈的，每一个人，在满足了以食物为中心的温饱生存问题之后，他的神经、意识和触角，就在搜集和创造数据。只要增强对数据的信仰和洞察力，学习掌握数据空间的新工具，每个人都可能从数据中释放出“数能”和“数力”，为己所用。

我将对数据优势、数据实力、数据能力高低的衡量定义为“数商”。就像智商可以测试一样，数商能够评估一个人对于数据的记录、组织、保持、搜索、分析、控制的能力。在智能时代，媒体从业者，无论记者、编辑、记者型研究员，都有必要修炼“数商”，将手中的资料沉淀为数据，在数据库存储、关联、调用，才可能形成高质量的报道，或者研究。

一、未来的记者，可能数商比写文章更重要

记者，是时代和社会的记录者，在过去，传统媒体对记者、编辑的要求，更注重文字写作的能力。事实上，数据的本质也是记录，与文字的区别是，数据还经常揭示初心之外的事实和真相。

先来看一个故事。

2011年10月，美国佛罗里达州的劳德代尔堡发生了一起恶性交通事故，一名退休警察开快车，结果肇事致人重伤。当地有一份报纸，叫《太

阳哨兵报》，这份报纸的一名女记者克斯汀（Sally Kestin）听到这则消息后皱起了眉头，在她的印象中，因为警察开快车导致的交通事故发生过很多次了。

克斯汀意识到，这可能是一个非常值得关注的社会问题。她根据美国的《信息自由法》，向当地的交通管理部门申请数据开放，获得了110万条当地警车通过不同高速路口收费站的原始记录。

克斯汀的分析方法是：选取两个特定的收费站，测算之间的距离，再在110万条记录当中找到每一辆警车通过这两个不同收费站的具体时间，两点之间的距离除以两个时间之差，即为该警车的平均行驶速度。在整整3个月的整合和分析后，克斯汀和她的团队得出结论：在13个月里，当地所属的3900辆警车一共发生5100宗超速的事件，96%的车速在144公里/时—176公里/时之间，当地1/5的警车都有时速超过144公里的“劣迹”。而且，记录表明，绝大部分超速行为发生在上下班的时间。这意味着，他们开快车可能并不是执行公务，而是为了回家。

在大量数据和调查访谈的基础上，克斯汀发表了系列报道，头篇报道的标题为《他们凌驾法律之上》。在报道中，克斯汀得出结论，因为工作需要和警察身份的特权意识，开快车成了警察群体的习惯性行为。这篇报道在当地警务部门引发一场“大地震”，违规的警察陆续受到处理。2012年12月，克斯汀又对新的数据作了分析，并和2011年的同期数据进行了对比，发表了一篇新的报道《警察猛踩刹车》。在这篇报道里，她把数据的变化分解到了各个警务部门，详细地列出了每一个部门的改进水平。

这名记者的绝妙之处在于，使用了一份看起来和警察超速风马牛不相及的数据，独辟蹊径解决了问题。在未来，我想媒体也将变成“大数据公司”，记者需要把眼睛所看到的、耳朵所听到的变成数据。从这个角度出发，一个未来的记者，可能数商比会写文章更加重要。

二、记者拥有高数商的几个表现

数商的核心在于记录、取证、保存、量化、分析、预测，其中，又以记录和量化为核心。作为媒体从业者，拥有高数商的表现是怎样的？

首先，要知道如何把自己获得的素材变成数据。以前记者在采访、调查过程中收集了大量的资料，但是产出的成果可能仅仅是一篇或多篇报道。这些资料沉淀在个人的手中，很可能被丢弃或浪费。未来，我们需要让它们沉淀到平台上，无论音频、视频、PPT、文档、图片还是其他格式，要把这些材料“数字化”，然后保存到云端的数据库里去。同时，还要给这些素材打上电子标签，进行智能分析和管理。

除此之外，记者还要学会用数据去说话，用数据去表达，用数据可视化的方式去传达信息、传达事实、传达观点。

传媒领域的巨大变革已经发生，数据将像空气和水一样大量存在，在此背景下，媒体应该有数据意识，去成为一个“大数据公司”，将信息的分发变为数据的分发，可以分类、个性化，向不同的人在不同的时间推送不同的信息。因此，传媒机构需要提供一个智能平台去存储、分析、分发这些数据，并建立一套立体的、复杂的标签体系。

未来的记者，只要把他的新闻报道及背后的素材全部存入智能平台之后，这些资料就会跟数据库当中已有的资料发生自动关联，推送给相关记者或者编辑，让他们能在历史关联的资料上继续做工作、做研究，这样才能集聚大数据、大智慧、大智能，才可能形成高质量的报道专栏或者研究。

三、掌握媒体智库的“金刚钻”

我们今天看到很多对人工智能的畅想，你会发现它们都是在挑战人的主体性。你会担心机器人把你取代了，以后你不用上班了。机器人会不会造反？你想断它的电，它还不让你断电，最后机器人统治了你，让你为它工作，让你为它干活……会不会有这样的一天？

我想，50年内机器人没有办法挑战人的主体性，但会形成一些局部挑战，大部分重复性的工作都会被取代。从木牛流马到流水线生产，人的珍贵性和不可替代性在越来越多方面受到挑战，它会激发人类去思考，我要做什么事情才不可替代？假如你写10篇稿，8篇都被机器人写掉了，你可能只会拿到20%的工钱，这就逼着你去把剩下的2篇稿写得更有创造性，而且要去开拓更多的领域。

今天的互联网，已经把报纸、广播中的信息，带到了每一个人的面前，我们更需要的是专业的信息。在人人皆为媒体的大背景下，南都提出了以数据为抓手，向智媒转型，内容智库化、传播智能化，我认为是抓住了这个时代的脉搏。做传媒智库，不仅仅服务于新闻消费者、市民大众，还要服务于政府、行业、企业、社会组织，为各行各业提供专业的意见，这一定位恰到好处，也是非常贴切得体的。

媒体要做好智库，未来在人才结构上，不仅需要记者、编辑，还需要补充大量的专业性人才。如果做经济智库，那就补充经济学家；如果做政府智库，就要补充公共治理的专家；如果要做行业智库，就要补充行业的专家。我希望南都能加快这个智库化的进程，引进一批行业或者公共领域的专家，作为媒体智库的“金刚钻”。

我们在进入一个“数文明”的时代，原来的文明是以文字为中心的，未来的文明是以数据为中心的，我们需要新的思维技能和工具，需要新的价值观、新的生活方式。我期待数据在未来可以引领一种大众文化，不仅是从事科学技术的人，我希望记者、诗人、小说家、医生、清洁工都来关注数据，形成真正的“数据文化”。从这个角度来讲，数据革命正在创造一个新的文明。

作者系数文明科技CEO（首席执行官），著名信息管理专家、科技作家

以系统化融合助力智媒转型

□郭全中

自从2014年8月18日中央审议通过了《关于推动传统媒体和新兴媒体融合发展的指导意见》，我国媒体融合不断落实和深化，取得了不错的效果，但仍有较大努力空间，亟须通过转变观念、利用先进技术、营造良好的体制机制等系统化融合转型措施，真正转型为智媒体。

一、传统媒体转型路径探索

我国传统媒体的转型路径探索很多，其中一种是秉承移动优先的“互联网＋”思路的转型方式。在大数据、人工智能等新技术给我们带来人工智能新时代的当下，媒体也进入智能媒体新时代。媒体智库是基于大数据和人工智能等新技术产生的一种转型方向，但绝大多数的智库只提了一个口号，并没有付诸实践。受“互联网＋”思路影响的第二种转型路径是自建渠道，打造自主可控的移动客户端。目前基本上所有的传统媒体都有了自己的移动新闻客户端，且新闻客户端的下载量都大幅度增长，取得了较好的效果。在中央媒体层面，人民日报客户端、新华社发布、央视影音等发展不错。在省级媒体层面，呈现了“东澎湃，西封面，中浙江新闻，南南方+，北新京报”的格局。另外，介入智慧城市和智慧政务建设，帮助地方政府提升治理能力也是传统媒体转型路径的探索之一。智慧政务方面可以借鉴的探索有广东各地、各部门进驻南方+平台，开设南方号，提升政务服务力。在智慧城市方面，媒体转型是通过介入运营和建设之中实现，如苏州广电开发的“无线苏州”移动客户端，突破了单一的新闻传播平台，其“新闻+生活”的城市公共生活服务类平台定位，聚集多种智能服务应用；河南日报报业集团作为第二大股东持股大数据公司。

除了基于“互联网+”的转型，还有其他跨界转型路径的探索。例如，南方报业传媒集团、羊城晚报报业集团、杭州日报报业集团等媒体通过打造产业园区做出的传统媒体转型尝试。还有传统媒体通过布局多元产业，实现跨界转型，如河南日报报业集团不仅大规模挺进酒店行业，持续发展房地产业，还跨界教育产业，控股河南大学民生学院，发展职业培训，逐步构建起多层次教育产业体系。浙江日报报业集团收购网游公司，进军网游产业。还有近几年比较火的直播电商，也是媒体，尤其是广电转型的路径之一。

对于传统媒体下一阶段的深度融合发展方向，智媒体、智慧政务、智慧城市的运营和治理，还有智库建设是关键。媒体融合是一项极其复杂的系统性工程，尤其在技术日新月异的当下，这就要求按照互联网的发展规律，在理念、技术、商业模式和盈利模式、体制机制等方面采取系统化的方案。媒体要在深度融合发展过程中深度拓展更多的新业务，据此打造具有可持续发展商业模式和盈利模式的产品。

而在行业共建共治上，媒体也大有可为。投身行业共建共治，媒体需要深度参与经济主战场的建设。舆论引导功能是媒体功能的应有之义，而媒体要寻求更大的发展还需要成为经济主战场的主力军。以近期大火的直播电商为例，直播电商连接起用户和产业，是经济主战场的重要组成部分和很有发展前途的新兴产业。参与共建直播电商行业生态，媒体一方面要发挥舆论引导、监督功能，优化生态，使内容健康，这也是平台和用户所喜闻乐见的。另外，直播电商严格意义上属于内容电商，关注的是内容，而媒体长期以来对内容有独特的把控能力。未来媒体如果能将这种把控能力与产业结合，将在促进产业持续健康发展中大有可为。

二、“内容智库化、传播智能化”体现南都基因

大数据、人工智能等新技术是媒体未来的发展方向，也是可行的媒体

转型路径。南方都市报以数据为抓手向智媒方向转型，结合南都的特点提出了“内容智库化、传播智能化”，这契合了南都具有较强传播能力的基因，把握住了未来媒体转型的方向。

在研究内容上，南都对城市治理、新经济新业态方面的持续关注与研究，体现了媒体作为客观第三方的监督价值。转型过程中，南都生产的相关研究是借助大数据和人工智能等新技术手段，结合记者的深度突破能力所生产出的产品，为协同共治贡献了力量，也能够为当地政府的治理体系和治理能力现代化的建设发挥重要的作用。

未来媒体融合可能会成为治理体系和治理能力现代化的一个重要抓手，这与十九届四中全会的精神是高度吻合的。媒体应把平台打造成新时代治国理政的新平台，未来南都作为智媒也可通过把控好政府治理能力现代化中所产生的需求和痛点，例如政府数据和服务上链，作出更多深入探索。除此之外，在地方政府关注的当地经济建设方面，可针对地方经济转型升级、企业转型升级，提供数据服务产品等。

从南都融合转型战略“移动优先”来看，其最早定义是内容的表现形式，简而言之是内容到底呈现于移动端、网页端还是纸质端。“移动优先”还应该在观念上内化为员工的自觉意识。深入来讲，“移动优先”是移动端的商业模式和盈利模式的体现。现在对于南都来讲，应该是进入了2.5的阶段，要形成稳定、可持续的商业模式或者说盈利模式，还须进一步探索。

实际上，“移动优先”应是融合转型的标配，但移动端的红利已经较小，现在应优先考虑的是数据优先和智能优先，即大数据和人工智能。对南都来说，下一步首先应在观念上更进一步建立大数据和人工智能思维。同时，跟踪技术新趋势，既要利用好大数据、人工智能、云计算等技术，更要利用好未来的5G、人工智能VR、AR、MR技术和区块链等技术，关注新技术和产业融合产生的交叉领域及核心业态。另外，南都还应注重发力产品，推动更多优质项目产品化。

作者系中央民族大学新闻与传播学院教授，高级经济师

抓住5G时代信息传输新机遇

□盘和林

传统媒体转型已然成了业界老生常谈的话题，中国互联网浪潮奔涌而来的20多年，也见证了传统媒体的兴衰。随着当前移动互联网、物联网、大数据、人工智能的快速发展，新媒体、自媒体、门户网站等也在传媒业占据了一席之地，传统媒体信息传播的生存空间进一步被压缩。

2018年，南都在这样的大环境下决心从“办中国最好的报纸”向“做中国一流智库媒体”进行融合转型，真正实现“融媒”到“智媒”的脱胎换骨。党的十八届三中全会提出，要加强中国特色新型智库建设，建立健全决策咨询制度。传统媒体向智库转型可谓是响应国家号召。另外，从市场空间来看，媒体做智库存在不小的市场需求，探索智库融合相当于拓宽了传统媒体的业务范围，谋求内容知识密度与思想深度最大化。

与第三方智库机构相比，传统媒体自身在新闻舆论工作上的专业性使其对国家治理与各类社会问题有着更为深刻的理解。再者，媒体坐拥资深的编辑记者队伍，他们在深刻理解社会问题的基础上，能够从新闻人的角度，对事件进行针对性的剖析，其判断力、逻辑能力以及对待基层事务的处理能力是旁人所无法企及的。这也是南都在转型过程中，直接推动采编团队担任课题研究员，实现全员课题化的原因。

此外，媒体有良好的研究资源，主流媒体往往与学界、业界保持着良好的关系，会邀请某领域的专家学者进行课题解读，其丰富的采访资源也为智库的打造提供了人才基础。

南都的转型产品包括新闻数据化产品，定制化的智库报告、榜单、测评，体验式的圆桌论坛、研讨会，以及提供顾问服务的创意策划、品牌策略等，这些都能加强南都作为智库媒体的品牌辨识度、权威性和公信力。另外，转型智库虽然更多是为了强化内容，从而更好地服务传统收入业务，但另一方面，专门的智库打造也使其具有研究所的性质，通过内容付费也能带来新的利润增长。

不过值得注意的是，因为智库报告及研讨会已经上升到一定的理论高度，因此受众面实际上会有所减少。不过，这也符合当下民众差异化的需求。智库报告、研讨会还属于初期发展阶段的形式，其建设本身就是循序渐进的过程。随着社会的发展，人民文化素质不断提升，民众对于这类更深度的报告需求会越来越多，届时会更需要关注内容是否有价值，而不仅仅是传播面的大小。

传统媒体转型智库的优势不少，但对新技术的运用目前还存在一定的劣势。媒体虽然有一支经验丰富的记者队伍，但像数据挖掘分析人才、人工智能建设人才都比较缺乏，还须补足智库转型相关的基础人才。

当前，技术发展让媒体从线下走向线上，时代发展让数据成为当今最宝贵的资源，而受众改变使新闻阅读者从原来的受众变为了有信息需求的用户。媒体行业向来是内容为王的行业，只有内容信息准确、具有深度，能带给用户价值，才能生存下去。

智库型媒体会激发不同类型的读者对于相关领域内容的兴趣，从而提高用户黏性。高质量的内容加深用户分化，那要怎样让用户看到自己想看的内容？除了对用户进行初始分类，更少不了大数据的加成。让大数据参与用户的兴趣识别，加强内容与对应受众的联系，增强高质量内容的传播效率，能够更好地帮助传统媒体达到内容与用户黏性的良性循环。

当前常说的互联网、大数据、人工智能等新一代信息技术的运用都属于数字经济的范畴，其中一方面是发展数字产业，另一方面是赋能传统产业。数字经济未来的发展趋势首先应该是更深层次的融合，关注科技发展和模式创新，其次就是信息、数据的重要性继续提高。5G之所以受到如此重视，很重要的一个原因就是它是信息生产传输的基础，而未来争夺的就是信息和数据。5G说到底是信息产业的基础设施。作为基础设施，能带给媒体的就是更快速的信息收集、传播，更先进的整理、分析基础以及更具效率的内部治理和办公。

南都实施“移动优先、数据优先、用户优先”战略，这正是数字经济时代经济发展的方向，正应了当前技术发展、时代发展和受众改变的趋势。值得一提的是，媒体行业数字化转型不似制造业那样困难，成本投入相对较小，这可以让媒体更快适应数字经济时代的迅速变化。

那么媒体又要如何从数字经济蓬勃发展中抓住机遇？首先是制定清晰的发展战略；其次是根据大的战略方向，继续深耕专业领域。媒体本质上还是创造信息，在数字经济时代，浅层信息的获取成本会越来越小，因此，媒体更需要深挖信息价值，形成专业化的分析团队，建立自己的智库体系。数字经济时代来临，媒体受众的分化程度加剧，未来借助信息化技术精准营销也是媒体需要发力的关键点。

作者系中南财经政法大学数字经济研究院执行院长

各界评价

南都的探索让新闻产品变为思想产品，让深度报道变为专业报告，让参与社会监督变为参与社会治理，让平面的单一的传播变为立体的多元化传播。

实践证明，南都的探索是成功的，以数据服务提升了党媒宣传平台的高度，以多元化传播提升了信息的密度和覆盖的广度，既满足人民群众的信息需求，又为党和政府提供决策参考，获得了社会效益和经济效益双红利，体现了传统媒体转型的新能力新价值。

——王冬梅　中国记协原常务理事、书记处原书记

"湾姐朋友圈"非常强大，我理解的"强大"表现在两个方面，首先是人员组成强大，其次是功能强大。从人员组成来说，朋友圈的各位豪杰人员素质都非常高，有学界、有政界、有商界的各路人马，大家都高度关注粤港澳大湾区这个区域，在互动的过程中，大家讨论的一些问题、发表的一些观点也都是真知灼见。这个平台为我们提供了很多有价值的信息、第一手的资料。对我个人来说，有鲜活的资料来支撑我们的政策和战略研究；对于决策者来说，也是了解大湾区的一个重要的窗口；对于投资者来说，也是挖掘投资机会的一个重要渠道。国家战略要真正地走深走实，需要"湾姐朋友圈"这样一个平台来宣传、推广国家战略、国家意图。可以说"湾姐朋友圈"的互动价值无限、未来可期。

——王福强　中国国际经济交流中心产业规划部部长、粤港澳大湾区发展战略研究课题组组长

作为联合国系统下最大的发展机构，开发计划署是联合国可持续发展目标进展评估、实验、成功经验交流的平台。我们欢迎南都依托其数据基础和研究力量，探索如何通过大数据检测推动全球可持续发展。我们期待与南都的研究员们深入探讨利用大数据评估发展的方法学、探索创新性手段。联合国期待来自南都的成果可以积极贡献于人类可持续发展事业，向全球传递来自中国智媒的声音。

——王东　联合国开发计划署可持续发展目标本地化项目主任

N视频客户端未来的发展应更多面向年轻人，捕捉年轻人信息接受心理，将信息性、趣味性进行有机结合，同时把握粤港澳大湾区建设的契机，联合粤港澳三地青年的力量，更好为粤港澳三地受众提供资讯服务。

——林如鹏　暨南大学党委书记、博士生导师

作为都市媒体，南方都市报始终注意立足本地，通过组织策划一系列活动，畅通民情民意表达渠道，以第三方鉴定测评等方式，搭建市民与政府沟通互动平台，完善网上网下互动机制，引导市民参与社会治理，促使政府主管部门精准施策，形成社会协同共治机制。

——孙宽平　北京大学城市治理研究院研究员

我由衷地为南都点赞。可以说，南都的智库转型已经初见成效，更加难能可贵的是，在这个过程中，南都获得了很好的经济效益。总体看，南都的智库转型比我预想的走得更好，做得更大。希望南都紧跟时代潮流，把握技术发展脉搏，不断为自己赋能，更快更好地实现智能转型。

——刘亚东　南开大学新闻与传播学院院长、科技日报社原总编辑

南都从有影响力的传统都市媒体，转向智库媒体，其创新意义非常大，已经担当了行业领先创新者的角色，并且成为媒体界、智库界一道非常亮丽的风景，是“传媒+智库”新业态中有亮点的新物种。南都在协同治理领域做了很多接地气的研究，出了不少有质量的报告。我非常认可并期待南都在未来转型道路上更加勇往直前，借助各方力量参与到国家治理体系和治理能力现代化的建设中。

——朱克力　国研新经济研究院创始院长、湾区新经济研究院院长、新经济智库（CiNE）首席研究员

南方都市报近年来的智媒转型为城市发展提供了越来越多的媒体智慧，在民生治理、产业发展、城市建设等方面持续性地输出建设性意见和观点。比亚迪在服务城市、推动产业发展的过程中，与南都也多有合作，能够深切感受到智媒的赋能，在推动节能减排、可持续性发展上形成的巨大合力。

比亚迪也一直在探寻新能源技术与产业转型升级的深度契合，这跟以南都为代表的媒体在不断的融合发展当中，探路“数智”化转型是一脉相承，有着共同的精神内核。希望大家在各自的领域里，不断进行有价值的探索，都能够成为行业的标杆。

——王传福　比亚迪总裁

南方都市报提出打造三大核心能力：优质原创、创意传播、智媒服务。除了一直以来新闻报道者的角色，南都向智媒、研究角色的融合转型，也彰显了用户思维和为用户创造价值的新理念。知微见著，也说明南都的转型是真正抓住了精髓、落到了实处。

一流媒体和一流企业的发展都离不开创新，和南都一样都拥有“创新基因”的华大，也希望和媒体一起成为智慧城市的共建者，为粤港澳大湾区建设提供坚实担当。

——朱岩梅　华大集团执行董事、执行副总裁

视频化叙事和记录观察已成为南方都市报转型的鲜明特征，N视频等可视化平台朝着年轻化、民生化、都市化风格打造，走出了一条独树一帜的媒体路径。

——余海波　快手科技高级副总裁

本章统筹：邹莹（南都大数据研究院副院长）

附　录

智媒南都时间轴

2016

12月28日 南都创办20周年庆典大会提出“换一种方式”，南都进入转型融合发展的快车道。

2017

1月17日 南都写稿机器人“小南”正式上岗，推出第一篇共300余字的春运报道。

3月15日 全国两会闭幕。会议期间，南都记者共获得5次新闻发布会提问机会，独家专访近30位省部级官员。

3月15日 南都刊发记者卧底报道，揭开老年保健品营销内幕。公安机关介入打掉一特大涉嫌诈骗团伙。

4月17日 南都举行第12届新闻奖颁奖典礼暨战略合作发布会。

4月17日 南都正式成立采编指挥中心，全面启用自主研发的采编指挥平台，打造24小时全媒体编辑部。

4月21日 南都教育联盟正式成立，探索“媒体+教育”服务新模式。

4月26日 南都举办第四届“广州城市治理榜”发布会暨城市治理专家研讨会。

7月17日 南都个人信息保护研究中心在北京成立。

8月14日 广东省十大书香企业暨首届南都杯中小学生非虚构作文大赛颁奖礼举行。

10月24日 党的十九大闭幕。南都记者首次在全国党代会新闻中心提问。

12月22日 南都刊发网络营销号乱象调查报道。公安部旗下新媒体平台全文转发该篇调查。

2018

2月8日 南都大数据研究院正式成立。

3月20日 全国两会闭幕。会议期间，南都记者获得5次提问机会。

4月16日 南都举行2017年度新闻奖颁奖典礼暨报网端迭代升级动员会、大数据研究院项目展示会，正式启动新一轮报网端迭代升级。

5月22日 南都举办第五届“广州城市治理榜”发布会暨城市治理研讨会。

10月11日 小蛮腰科技大会在广州开幕，南都大数据研究院获评2018年度最具价值数据研究院。

10月15日 南都刊发学习类APP调查报道，全国“扫黄打非”办公室在官方微博账号上进行回应。

08/09 智库报告

“学习宝”含大量软色情，“100教育”等超纲教学

12月24日 南都举办首届智库产品发布周，发布个人隐私、政府治理、新经济新业态等方面8份报告。

2019

3月4日 南都入驻头部音频平台，打造7档王牌栏目。

3月15日 全国两会闭幕。会议期间，南都记者共获得6次提问机会，特别是在总理记者会上的压轴抢问，推动了五一长假的恢复。

4月10日 南都举行2018年度新闻奖颁奖典礼、报网端迭代升级启动会暨2018年度媒介素养致敬会。明确优质原创、大数据研究院、南都APP、短视频、技术五大领域为南都“四梁八柱”。

6月14日 南都“广州城市治理榜”获得首届中国城市治理创新奖优胜奖，这也是全国22个入围项目中唯一来自媒体机构的案例。

11月29日 南都大数据研究院加入互联网治理智库联盟。

11月30日 南都大数据研究院入选中国应用新闻传播十大创新案例。

11月30日 南都健康联盟宣布成立。

11月30日 南都举办第二届智库产品发布周，举办了16场线下活动，密集发布18份研究报告。

12月4日 南都研发的“聚焦上市公司的机器写作平台”在中国报业技术年会上荣获案例一等奖。

12月11日 南都获中宣部版权管理局颁发的2018年度查处重大侵权盗版案件有功单位三等奖。

2020

1月24日（大年三十） 南都记者赵明跟随广东第一批医疗队在除夕夜抵达武汉。随后，南都陆续派出14名记者前往湖北一线采访。

2月2日 N视频客户端建设获得广东省委宣传部项目立项，N视频建设步入快车道。

2月14日 南都刊发前线记者钟锐钧拍摄采写的《你们摘掉口罩的样子，很美》系列作品，引发高度关注。2月17日，在广东省委宣传部的指导下，南都与各地市委宣传部携手推出“为最美逆行者亮灯”的加油行动。南都发起的亮灯致敬行动被推广至全国。

3月4日 南都技术委员会和南都产品技术中心正式成立。

4月7日 南都启动组织架构调整。在党委会下设编辑委员会、大数据研究院、技术委员会、运营委员会、行政委员会五驾马车，实现五轮驱动。

4月30日 南都全资收购奥一公司股权。

7月24日 中央政法委第二届“四个一百”优秀政法新媒体榜单发布，南都获2019年度媒体特别贡献奖。

7月30日 南方都市报学习强国号正式上线。

8月4日 南方报业传媒集团、南方都市报与广东省博物馆共同举办“众志成城——致敬抗疫者”专题展。

9月8日 在全国抗击新冠肺炎疫情表彰大会上，南都记者刘军同时获得“全国抗击新冠肺炎疫情先进个人”和“全国优秀共产党员”两项荣誉。

9月8日 《媒体融合蓝皮书：中国媒体融合发展报告（2020）》发布，南都党委书记、总裁梅志清获评中国媒体融合2018—2019年度领军人物。

9月23日 N视频客户端正式上线。N视频客户端定位为“视频版广东发布”，由南都负责研发运营。

10月21日 广东召开全省抗击新冠肺炎疫情表彰大会，南都记者钟锐钧获得“广东省抗击新冠肺炎疫情先进个人”荣誉称号。

12月21日 南都举办第三届南都智库产品发布周，发布30份智库报告。12月26日，举办主题为“新政务、新服务、新商务”的媒体深度融合发展高峰论坛。

2021

1月15日 国家新闻出版署公布2020年中国报业深度融合发展创新案例，南方都市报体制机制创新上榜。

1月15日 第三十四次全国“扫黄打非”工作电视电话会议举行，南方都市报获得先进集体称号，是获得表彰的唯一地方媒体。

3月1日 南都推出“爱国者治港”原则系列访谈，陆续专访梁振英、陈冯富珍、范徐丽泰、霍震寰等10余位重磅人士，累计发布访谈15篇。

6月5日 南都开通广州抗疫热线，搭建政民沟通桥梁。

6月18日 南都、N视频推出《敬礼！我的党》100集青少年党史课短视频，实现党史学习教育主题宣传“破圈”。

6月25日 南都推出“最潮中国观　看我圳少年”系列视频报道，探索出“我讲我传播”的校园党史学习教育全新方式。

9月23日 N视频客户端上线一周年，累计装机超500万，月活用户超28万。

10月 全国新闻出版深度融合发展创新案例征集活动揭晓，南方都市报社“最美逆行者”系列融媒产品、“深爱40我圳好看”40小时不间断大直播以及相关融媒体创意报道入选传媒类创新案例。

10月14日 第二届中国广电媒体融合发展大会发布“中国媒体融合发展排行榜”，N视频荣登“中国媒体融合2020—2021年度先锋榜”。

11月7日 南都“最美逆行者”系列融媒报道获得第三十一届中国新闻奖一等奖，南方都市报党委书记、总编辑戎明昌获得广东省第十四届新闻金梭奖。

12月23日 N视频客户端获2021年全国报业媒体融合案例优秀奖。

后 记

近年来，在广东省委宣传部坚强领导下，在南方报业传媒集团有力指导下，南方都市报守正创新，奋勇开拓，大力推进融合转型，努力探索一条符合中央精神、顺应行业趋势、切合自身实际的转型之路。

媒体融合转型的方法和路径可能很多，但最终目的只有一个，那就是更好地履行新闻舆论的职责和使命，在围绕中心、服务大局中找准坐标定位，牢记社会责任，绝不能在探索中忘记了“为了谁、依靠谁、我是谁”的初心。

面对全新的传播格局和时代命题，南都人有清醒的认识、坚定的行动，义无反顾地挥别了印刷思维、生产惯性，积极创新，大胆实践，以产品供给倒逼生产关系改革，以媒体融合力促社会治理，以社会治理力促智媒转型。

南都融合转型开启以来，南方报业传媒集团历任领导莫高义、刘红兵、崔朝阳、黄常开、郑广宁，审时度势，求真务实，接续带领集团制定出具有高度前瞻性和可持续的发展方略，为南都转型指明了方向。南都历任“班长”梅志清、任天阳和现任党委书记戎明昌带领团队开拓进取，攻坚克难，一茬接着一茬干，一棒接着一棒跑，接续奋斗，持续探索。

当前，媒体融合发展正呈现出千帆竞发、百舸争流的局面，不少媒体同行做出了各具特色、卓有成效的探索。我们在认真借鉴、深入学习的同时，更有逆水行舟、不进则退的危机感。我们深知，南都的智媒转型之路，仅仅是开了个头，前面还有无数的艰难险阻。但我们深信，只要撸起袖子加油干，齐心协力往前跑，就一定能够在新时代媒体融合的大江大河中屹立潮头！

本书编委会